**Trinta
segundos
sem pensar
no medo**

**memórias
de um leitor**

Pedro
Pacífico

**Trinta
segundos
sem pensar
no medo**

memórias
de um leitor

Copyright © 2023 Pedro Pacífico

EDIÇÃO DE TEXTO
Rosana Caiado

REVISÃO
Júlia Ribeiro
Pedro Faria

PROJETO GRÁFICO
Alles Blau

DIAGRAMAÇÃO
Julio Moreira | Equatorium Design

CAPA
Alles Blau

ILUSTRAÇÃO DE CAPA
María Luque

FOTOS DO ENCARTE
Arquivo pessoal (exceto foto das apresentações TEDx, de Eduardo Lopes)

CIP-BRASIL. CATALOGAÇÃO NA PUBLICAÇÃO
SINDICATO NACIONAL DOS EDITORES DE LIVROS, RJ

P125t

Pacífico, Pedro, 1992-
    Trinta segundos sem pensar no medo : memórias de um leitor / Pedro Pacífico. - 1. ed. - Rio de Janeiro : Intrínseca, 2023.
    21 cm.

    ISBN 978-65-5560-684-3

    1. Pacífico, Pedro, 1992-. 2. Psicologia da leitura. 3. Autoaceitação. 4. Homossexuais masculinos - Biografia - Brasil. 5. Autobiografia. I. Título.

23-84650   CDD: 920.8664
                CDU: 929-055.34-055.1

Meri Gleice Rodrigues de Souza - Bibliotecária - CRB-7/6439

[2023]

Todos os direitos desta edição reservados à
EDITORA INTRÍNSECA LTDA.
Av. das Américas, 500, bloco 12, sala 303
Barra da Tijuca, Rio de Janeiro - RJ
CEP 22640-904
Tel./Fax: (21) 3206-7400
www.intrinseca.com.br

Ao meu padrinho.
Aos silenciados.

"*ser o que se pode é a felicidade.*"
— VALTER HUGO MÃE, *O filho de mil homens*

"*Você acha que sua dor e seu desgosto não têm precedentes na história do mundo, mas depois você lê.*"
— JAMES BALDWIN

Sumário

Adeus, fantasmas, **11**
1. O impacto de um início, **19**
2. A percepção do ser diferente, **41**
3. Angústia, **73**
4. A surpresa do não planejado, **99**
5. O cheiro impregnado, **125**
6. A dor do indizível, **131**
7. Amparado, **145**
8. Silenciado, **169**
9. A leitura é um hábito diário, **177**
Agradecimentos, **185**
Créditos das citações, **187**

Adeus, fantasmas
9 de março de 2020

TALVEZ TIVESSE CHEGADO o momento que mais temi ao longo de toda a minha vida. Uma conversa que, embora se repetisse na minha cabeça — que criava cenários aterrorizantes —, nunca achei que aconteceria de verdade. Quem é ansioso, como eu, costuma sofrer ao antecipar situações que representam riscos. Roteirizar esses momentos era uma forma, malsucedida, de tentar controlar o futuro e amenizar os medos. Assim, eu fantasiava como seriam reuniões, conversas, viagens ou quaisquer circunstâncias que me parecessem ameaçadoras. E, naquele momento, havia um perigo ainda mais assustador: ser descoberto. Eu já tinha sofrido sozinho por muitos anos e havia chegado a um ponto da minha vida em que precisava tomar coragem para compartilhar a verdade.

Era um domingo do início de 2020. Tinha voltado de uma viagem à Bahia, em que tinha ido ao casamento de amigos especiais. Assim que cheguei em São Paulo, falei para os meus pais que iria direto do aeroporto para o escritório resolver algumas pendências. Mas, como eu ainda morava com eles, essa foi só mais uma das desculpas que vinha inventando para proteger o meu segredo.

Não fui para o escritório. Fui encontrar meu namorado.

Eu vinha planejando que aquele domingo, após a viagem, seria a data em que chamaria os meus pais para uma conversa. No táxi, voltando para casa, o nervosismo me fez criar justificativas para postergar a decisão que eu mesmo tinha tomado. Pensar que eu poderia ganhar mais alguns dias me fazia respirar aliviado.

Cheguei tarde. Meu pai já estava dormindo e minha mãe, entretida no computador. Dei um beijo em cada um. Minha mãe perguntou como havia sido o casamento. "Delicioso, mas tô morto, amanhã conto tudo." Fui para o quarto e me enfiei debaixo das cobertas. Adorava olhar ao redor do cômodo e me ver rodeado de livros — literalmente, já que havia estantes em todas as paredes. Eram muitas prateleiras abarrotadas. Lembro de ter contabilizado à época os exemplares que habitavam o quarto: eram mais de dois mil. E isso me dava uma sensação imensa de conforto, como se aqueles livros me fizessem companhia, aliviassem a solidão de guardar uma parte de quem eu era.

Ler antes de dormir é como uma meditação para mim, uma forma de me desligar de tudo e silenciar os pensamentos que ficam importunando a minha cabeça. Então, naquele dia, entrei no quarto, agarrei um livro e deitei na cama, mas tive dificuldade para me concentrar. Será que eu realmente havia desistido de contar? Decidi usar uma estratégia que tinha visto em um filme havia muitos anos para situações que demandam coragem: ficar trinta segundos sem pensar no medo e, nesse meio-tempo, dar o primeiro passo em direção ao que se deseja fazer. Depois você lida com as consequências. E foi o que fiz: coloquei o livro sobre o peito, ainda aberto, peguei o celular e mandei uma mensagem para a minha mãe. "Vem aqui no meu quarto antes de dormir. Preciso falar com você... Nada de mais!"

Logo em seguida, voltei ao livro e tentei me envolver com a leitura. Não chequei o celular e, internamente, estava torcendo para que minha mãe tivesse pegado no sono. Nessa época, meu pai dizia que eu e ela parecíamos morcegos zanzando pela casa no início da madrugada. E ele estava certo: nós dois temos hábitos bem noturnos, o que significava que ela provavelmente tinha lido a mensagem.

Alguns minutos depois, ela apareceu à porta. Meu quarto na casa dos meus pais ficava no sótão, então pude escutá-la subir os degraus de madeira da escada. Meu coração, que já estava acelerado, começou a bater ainda mais rápido. Fiquei segurando o livro aberto, como se aquela barreira de papel pudesse me proteger. Eu não tinha medo da reação da minha mãe. O medo que estava sentindo era um pouco porque eu nunca tinha me permitido falar aquilo para alguém. Fazia muito pouco tempo, na verdade, que eu havia conseguido ser honesto comigo mesmo. Aquela conversa tinha sido o tema de muitos dos meus roteiros fantasiosos — e nada agradáveis — que havia criado nos últimos anos. Verbalizar representava um caminho sem volta.

Para fingir que estava lendo, continuei olhando fixamente para as páginas. A verdade é que o livro poderia estar de ponta-cabeça que eu nem ia perceber. Minha mãe se sentou na cama, sem desconfiar de que aquela conversa ficaria marcada na sua memória. Talvez ela estivesse imaginando que eu fosse reclamar de alguma dor ou da ressaca pós-festa de casamento. Nesse caso, então, bastaria ela dar a resposta-padrão que eu ouvia desde a infância: "Dorme que passa." E antes que questionem: não, minha mãe não é médica. Somos apenas uma família com um leve — ou não tão leve assim — toque de "hipocondria".

Não falei nada.

— O que foi, filho? Fala logo que tá tarde e quero dormir.

Continuei quieto por alguns segundos e, sem desgrudar os olhos do livro, respondi:

— Então, preciso te contar uma coisa. — Mais um tempo em silêncio. — Estou em um relacionamento complicado.

Soltei uma risadinha de nervoso, sem que nossos olhares se cruzassem.

O livro na minha mão agora tinha a função de um escudo e me possibilitava enfrentar o medo sem a impressão de estar totalmente desprotegido — como a necessidade de dormir coberto ao menos por um lençol. E, pensando bem, essa era uma das funções que os livros vinham exercendo nos últimos anos. Inclusive, se não fosse a literatura, eu nem estaria deitado naquele domingo à noite, diante da minha mãe, criando coragem antes de viver uma das experiências mais importantes da minha vida. Portanto, lá estava eu cercado por milhares de páginas encadernadas, além do escudo diante do meu peito. Isso me dava um pouco de segurança e uma certeza — sim, eu não tinha mais dúvidas: estava no caminho certo.

— Como assim, filho?

— É complicado! Não sei o que fazer.

A segunda frase era mentira. Eu sabia muito bem o que estava fazendo, só não sabia como falar. Lancei então um pedido de ajuda e passei a vez para a minha mãe.

— O que foi? Você voltou com a sua ex?

Cinco meses antes, eu havia terminado um namoro longo. Minha ex-namorada era muito querida por todos da família, e senti um sorriso no canto da boca da minha mãe ao cogitar a hipótese de reconciliação. Digo que senti, porque eu ainda não tinha conseguido olhar nos olhos dela.

— Não!

— Então, o que é?

Continuei quieto, com o sorriso nervoso estampado no rosto. Eu não ia conseguir falar o que queria. Sem saber, ela ia me ajudar, porque meu segredo sairia não da minha boca, mas da dela.

— Tem alguém grávida?

— Não!

— É uma mulher com filho?

— Não!

Senti meus braços formigarem de tensão. Não tinha mais volta.

— É muito mais velha?

— Não!

— Hum... É ex-namorada de algum amigo?

E eu pensava, com o corpo quase paralisado: *Poxa, mãe! Você já sabe o que é. Me ajuda!*

— Você tá com um homem?

Mesmo agora, passados alguns anos dessa noite, meu corpo ainda reage ao relembrar essa conversa. Meu pescoço fica tenso, a boca, seca e algumas risadas de nervosismo escapam. É a violência da memória.

— Sim — falei em voz baixa, quase sem força para verbalizar.

O sentimento era de ter conseguido tirar algo de dentro de mim, uma verdade que havia muitos anos me acompanhava, escondida nos becos fantasmagóricos dos meus pensamentos. E, para minha surpresa, apesar de ter demorado 27 anos para conseguir admitir para mim mesmo quem eu sou, essa verdade que via como indesejada, dividir isso com alguém tinha sido mais rápido do que eu imaginava. Depois de anos vivendo sob a máscara criada para satisfazer as expectativas de uma sociedade preconceituosa, não existiam mais motivos para me esconder. Eu não queria mais isso.

Depois do "sim" meio abafado, não tinha como continuar me escondendo atrás daquelas páginas. Olhei para minha mãe, sem poder prever qual seria a sua primeira reação. Era a vez de ouvir o que ela tinha a dizer; eu já havia feito a minha parte. Esperei uma resposta, que não chegou pelos meus ouvidos. Ela segurou minha mão e olhou para mim com uma emoção que dificilmente pode ser expressada por meio de palavras, era um olhar que só se pode sentir. As lágrimas caíram. Parecia que aquele "sim" não estava entalado apenas em mim. Senti que ela também carregava um peso. Era o fim de um silêncio com o qual ela também convivia havia muito tempo.

    E, então, ela começou a falar.

1
O impacto de um início

ÀS VEZES, as primeiras linhas de um livro já são o suficiente para prender a atenção do leitor. Essa pode não ser a preocupação de alguns escritores, mas é inegável que um início marcante tem o poder de fazer o leitor relembrar, mesmo muitos anos depois, as sensações que a leitura lhe causou. Aos 25 anos, chegou minha vez de perceber como o início de uma obra pode ser forte:

> *Quando Gregor Samsa, certa manhã, despertou de sonhos intranquilos, encontrou-se em sua cama metamorfoseado em um inseto monstruoso. Estava deitado sobre as costas duras como couraça e viu, quando ergueu um pouco a cabeça, a barriga abaulada, marrom, dividida em segmentos arqueados, sobre a qual o lençol, pronto para deslizar por completo, já mal se segurava. Suas muitas pernas finas, deploráveis em comparação com as dimensões de seu corpo, sacudiam-se desajeitadas diante de seus olhos.*

Não importa quantos anos tenham se passado, quem leu *A metamorfose*, do tcheco Franz Kafka, é incapaz de esquecer esse primeiro parágrafo. Ler sobre Gregor Samsa, um jovem a respeito do qual eu não sabia nada, e sobre a sua primeira visão ao despertar de uma noite de sono, me fez sentir uma angústia, uma aversão àquele corpo monstruoso... Havia algo diferente naquele livro publicado em 1915, escrito por um autor que viveu uma realidade totalmente distinta da minha e que conseguiu, com poucas palavras, despertar tantas sensações em mim. Pela primeira — mas jamais última — vez, tive a consciência do poder da literatura de, com poucas frases, causar emoções tão impactantes no leitor.

Confesso que nem sempre li fazendo reflexões como essa, que iam além da própria história ou da minha opinião, que não se limitavam ao simples gostar ou não da narrativa. Ao fim da leitura, ia atrás de comentários sobre a construção de personagens, a linguagem empregada pela autora ou pelo autor da obra, o uso do narrador, entre outros aspectos da construção de um livro, mas não era capaz de percebê-los sozinho, sem a ajuda de algum texto ou aula. Assim, por também ter sido um dos primeiros momentos em que me dei conta de que estava fazendo reflexões mais elaboradas, a leitura do início de *A metamorfose* me marcou tanto.

Mas algo teria mudado em mim? Não. Continuava sendo um leitor comum, sem qualquer formação na área de literatura. No entanto, minha leitura estava amadurecendo, e isso era consequência do hábito, da bagagem que eu estava construindo a cada novo livro. Mas há quem ainda não seja capaz de ter esse aprofundamento na obra, e não há nada de errado nisso. Não existe melhor ou pior leitor quando o assunto é a leitura por prazer, apenas leitores mais ou menos experientes. Ao ler, você já está no caminho certo, e com o tempo, com o hábito, é possível identificar elementos da obra que, até então, não pareciam estar ali. E é disto que falo neste livro: como os livros se tornaram tão importantes na vida de alguém que não leu muito durante a infância ou a adolescência, mas que foi tendo a sua vida cada vez mais marcada pela literatura.

Inícios impactantes, como o criado por Kafka em *A metamorfose*, estão presentes em várias leituras. Compartilho alguns exemplos de primeiras linhas ou parágrafos que contêm, em poucas palavras, quase que a experiência integral da leitura, permitindo ao leitor que relembre do impacto que aquele livro lhe causou:

> *No dia seguinte, ninguém morreu. O facto, por absolutamente contrário às normas da vida, causou nos espíritos uma perturbação enorme, efeito em todos os aspectos justificado, basta que nos lembremos de que não havia notícia nos quarenta volumes da história universal, nem ao menos um caso para amostra, de ter alguma vez ocorrido fenômeno semelhante, passar-se um dia completo, com todas as suas pródigas vinte e quatro horas, contadas entre diurnas e nocturnas, matutinas e vespertinas, sem que tivesse sucedido um falecimento por doença, uma queda mortal, um suicídio levado a bom fim, nada de nada, pela palavra nada.*
> (José Saramago, *As intermitências da morte*)

A senhora Dalloway disse que ela mesma ia comprar as flores. Pois Lucy estava cheia de serviço. As portas seriam retiradas das dobradiças; os homens de Rumplemayer's estavam chegando. E depois, pensou Clarissa Dalloway, que manhã — fresca como se nascida para crianças numa praia.
(Virginia Woolf, *Mrs. Dalloway*)

Hoje, mamãe morreu. Ou talvez ontem, não sei bem. Recebi um telegrama do asilo: "Sua mãe faleceu. Enterro amanhã. Sentidos pêsames." Isso não esclarece nada. Talvez tenha sido ontem.
(Albert Camus, *O estrangeiro*)

Todas as famílias felizes são iguais. As infelizes o são cada uma a sua maneira.
(Liev Tolstói, *Anna Kariênina*)

Depois de frases tão marcantes, qualquer tentativa de um início mais criativo aqui me deixaria bastante frustrado. O que me salva é que este é um livro de memórias literárias. Assim, nada melhor do que cair na redundância de começar realmente pelo início.

Você já se perguntou quais são suas primeiras lembranças com livros? Tente voltar no tempo o máximo que puder, até recordar dos seus primeiros contatos com um livro ainda na infância. Pode ser uma memória afetiva de uma estante, de uma biblioteca, ou de alguém contando uma história para você.

Minha primeira lembrança relacionada a leituras já é como leitor. Sei que não podemos confiar tanto nas nossas memórias, já que elas se ajustam conforme nossa conveniência e criatividade, mas o que me vem à cabeça sou eu aos seis anos, sentado em uma miniescrivaninha colorida, diante de um livro. Recordo ainda hoje da dificuldade para conseguir montar os sons das sílabas, então imagino que estivesse aprendendo a ler. Era um livro de capa vermelha, com poucas páginas. Cada uma delas tinha frases breves na parte inferior, quase escondidas pelas ilustrações de insetos. Sim, era um livro sobre insetos (não sei se sobre outros animais também, não me lembro). Gosto muito de animais desde criança. Eu andava pelo quintal de casa e pela rua com pequenos potes de plástico, catando os insetos que encontrava. Cheguei a fazer uma expedição a um terreno baldio com meu pai, à procura de animais mais assustadores. Apesar da preparação e do entusiasmo, voltamos de mãos vazias. Tinha uma prateleira no quarto repleta deles. Talvez por isso justamente o livro de insetos tenha marcado minha memória. Em uma das páginas, me lembro bem, havia formigas andando em fila — talvez em uma cozinha —, indo atrás de algo açucarado. Até cheguei a procurar o livro na internet para guardar de recordação, mas não encontrei. Talvez nossa memória seja realmente mais inventiva do que a gente imagina.

A lembrança de algumas pessoas com os primeiros livros pode estar relacionada à mãe ou ao pai lendo uma história. Não recordo se meus pais liam com frequência para mim, mas uma memória muito viva é a do meu pai contando histórias que ele mesmo inventava antes de eu dormir. E ele sempre dava um jeito de me colocar, junto com meus amigos, como personagem principal dessas aventuras, e eu sempre era o herói que salvava alguém ou derrotava o inimigo. Para os pais, os filhos têm superpoderes, da mesma forma que muitos filhos enxergam os pais como heróis. O tempo, no entanto, desconstrói a imagem que temos deles, como quando os vemos chorar pela primeira vez, em algum acesso de raiva ou angustiados por não saberem como lidar com um problema. Mas, àquela época, meu pai ainda vestia a capa de herói infalível e tinha o respaldo para contar qualquer história.

Assim como não me lembro de ouvir meus pais lendo histórias para mim, tampouco me recordo de vê-los sempre com livros nas mãos. Não nasci em uma família com essa paixão — ou, talvez, com esse hábito. Sou o filho mais novo de três. Assim como meus pais, minhas duas irmãs não costumavam ler. É comum que alguém que saiba da minha paixão pelos livros imagine que vim de uma família de leitores ávidos. Quando conto como a leitura era ausente em casa, meus pais sentem um incômodo, como se tivessem feito algo errado. Não os culpo, até porque isso não me impediu de me tornar um leitor, ainda que eu tenha sentido falta de referências quando precisava buscar o que ler. Mas é inegável que pais leitores têm muito mais chance de criar filhos leitores.

Então fica a pergunta: de onde veio o meu gosto por livros? Será que é algo que nasce com a gente e faz parte da nossa personalidade? Ou será que acabei sendo influenciado na escola, por professores que assumem a difícil tarefa de convencer crianças de que ler pode ser divertido?

Ao ir atrás de mais memórias relacionadas a livros, outras pessoas acabam se destacando: minhas duas avós. Elas eram verdadeiras devoradoras de livros. O fato de, em diferentes momentos, elas estarem com livros nas mãos, ou de sempre haver uma pequena pilha em suas mesinhas de cabeceira, fez com que eu as considerasse as maiores leitoras do mundo! Assim como crianças tendem a heroicizar — que palavra linda! — os pais, os avós ganham uma aura mística, de grandes sábios. Pessoas que viveram tantos anos e que sabem um pouco de tudo. Aos meus olhos infantis, minhas avós tinham lido quase tudo, o que despertava minha admiração e curiosidade.

Para uma criança que lia livros bem fininhos, recheados de ilustrações, um livro só de letras com mais de cem páginas era um calhamaço inalcançável, e lembro de perguntar para minhas avós qual era a história por dentro daquelas páginas cada vez que as via com um livro diferente nas mãos. A resposta que elas me davam nem sempre me agradava: "É coisa de adulto."

Nunca vou me esquecer de um livro que vi minha avó paterna lendo em uma viagem que fizemos para um dos destinos mais diferentes que já visitei: Alasca.

Durante a viagem, minha avó ficou agarrada a um determinado livro. Já no primeiro dia, comecei a tentar identificar aquela obra. A capa era branca e as letras do título, alaranjadas e finas, com a imagem de um senhor de terno e cabelo branco de costas. Fiz um grande esforço para ler o título de longe, mas não consegui. Lembro que estávamos tomando café, quando me aproximei, sentei ao lado da minha avó e me debrucei na mesa para ver a capa inteira.

Tomei um susto! O nome do livro não fazia sentido para mim. Como minha avó podia estar lendo aquilo em público? E logo outra curiosidade tomou conta dos meus pensamentos: o que um escritor poderia querer contar em... *Memórias de minhas putas tristes*?

A minha cara de espanto chamou a atenção da minha avó, que olhou para a capa do livro e então entendeu o motivo da minha reação. De início, ela não falou nada, só deu uma risada. Depois me explicou que tinha acabado de começar a leitura, mas que o título não era o que eu estava imaginando. "Adoro os livros desse autor, Gabriel García Márquez. Você ainda vai ouvir falar muito dele. São livros belííííssimos" — ela normalmente fala com essa empolgação, mexendo no cabelo ondulado com uma das mãos e fazendo gestos com o outro braço, cheio de pulseiras.

Minha avó estava certa: ainda ouviria muito aquele nome. O que ela não imaginou é que eu não só ouviria, mas também falaria com frequência sobre o autor. Mais de uma década depois, Gabriel García Márquez, ou Gabo para os íntimos como eu, passaria a ser um dos meus escritores favoritos, além do nome do meu gato vira-lata resgatado das ruas. Inclusive, quando é para dar bronca naquele mini-humano de pelos cinza, faço questão de chamá-lo pelo nome completo: "Gabriel García Márquez, chega de aprontar!"

Gabo, o escritor, nasceu em 6 de março de 1927, escreveu mais de trinta livros — entre eles *Cem anos de solidão*, *Amor nos tempos de cólera*, *Do amor e outros demônios* —, foi vencedor do prêmio Nobel de Literatura em 1982 e nos deixou em 17 de abril de 2014. Um mestre em contar histórias, o que percebi pela forma como seus livros me prendiam, mesmo sem trazer cenários de suspense, assassinatos ou mistérios. Gabo afirmava ter sido bastante influenciado pelos avós, que lhe contavam histórias durante a infância. Da mesma forma que meu pai fazia comigo, os avós de Gabo criavam histórias com base em suas memórias — outra forma de conectar pessoas por meio de narrativas. Segundo Gabo, muito da sua forma de escrever foi inspirada nessas lembranças com seus avós, e, assim como ele, tive a alegria de guardar belííííssimas memórias dos meus avós.

A imagem que eu tinha das minhas avós serem as maiores leitoras do mundo começou a se desfazer quando, no início do ensino médio, perguntei para a minha avó materna o que ela achava de *A revolução dos bichos*. Era um dos primeiros livros "adultos" que eu lia e estava um pouco receoso. Eu tinha certeza de que minha avó conheceria. Lembro de estar deitado em seu colo depois de um almoço de domingo. Ela, com seu inseparável amigo cigarro em uma das mãos, enquanto acariciava meus cachos com a outra, um gesto afetuoso que acontecia sempre que nos encontrávamos. Foi uma surpresa quando ela respondeu que nunca havia lido. Até interrompi o cafuné e me sentei ao seu lado para conferir se estava falando a verdade. Ainda que hoje eu saiba que minhas avós não são as maiores leitoras do mundo, como imaginava na época, fico muito feliz que elas tenham cultivado o hábito da leitura e transmitido essa paixão para mim. Hoje são elas que me pedem indicações de boas leituras e amo ser o maior leitor do mundo para elas.

Eu me lembro das pessoas me dizendo que eu era uma criança sorridente. O porteiro do condomínio em que eu morava me chamava de "Menino sorriso", e eu, envergonhado, não sabia o que responder, me limitando a retribuir com... um grande sorriso. Os vizinhos, por sua vez, me apelidaram de "Mentex", porque tinha dentes grandes e brancos, que lembravam aquela bala de mesmo nome.

Meus pais dizem que dei pouco trabalho quando pequeno. Uma das histórias que eles costumam contar para provar isso é a do dia que atolamos com o carro à noite em uma estrada de terra e esperamos por mais de três horas até chegar ajuda. Eu, um bebê de poucos meses, fiquei acordado o tempo todo e não chorei nem por um segundo. Hoje, sinto que, se soubesse os males da privação de sono da vida corrida na fase adulta, usaria aquele momento para ficar dormindo dentro do carro.

Tampouco me lembro de ter ficado de castigo na infância. Se ficava, era por ter brigado com minhas irmãs, sendo que todas as vezes a gente terminava chorando. De um lado, minhas irmãs, mais velhas e mais fortes, vinham com as unhas afiadas para cima de mim. Do outro lado, eu, mais novo e mais fraco, tinha que usar uma arma secreta para me defender: os potinhos com os insetos. Elas tinham completo pavor. Era só começar a briga, que eu corria para o quarto, pegava um potinho e ficava esperando elas chegarem perto, ameaçando jogar o inseto nelas. Tirando essas implicâncias, eu realmente era bonzinho e não gostava de descumprir ordens.

Na pré-adolescência percebi que essa não era uma característica necessariamente positiva e que, na verdade, seria uma fonte de grande pressão. Comecei a me cobrar para ser um exemplo em casa e na escola, e tinha dificuldade em lidar com frustrações. Além do mais, ser bonzinho passou a chamar um pouco de atenção, já que se esperava que um menino daquela idade fosse levado, chegasse com o uniforme da escola sujo e que ficar de castigo fosse costumeiro. Eu não era desse jeito. Passei a ficar incomodado. Nesse momento talvez tenha nascido a sensação — que me perseguiu até a vida adulta — de que era preciso estar o tempo todo atento ao meu comportamento, para que ninguém achasse que eu era um garoto diferente.

E se meu comportamento não era o esperado, tampouco eram os meus gostos. Antes de perceber que talvez fosse necessário conter ou disfarçar algumas vontades, quando ainda bem criança, pedi de Natal aos meus pais um estojo roxo. Minhas irmãs queriam brinquedos, mas eu insisti no estojo roxo, que era minha cor favorita. Apesar da estranheza do pedido, quando comparado com as bolas de futebol, as bicicletas e os carrinhos de brinquedo desejados pelos outros meninos, meus pais não pareceram se importar. Se meu comportamento os incomodava, eles não deixavam transparecer. Lembro do meu pai chegando na noite de Natal com duas bicicletas (uma para cada filha) e um pequeno estojo roxo para mim, repleto de lápis, canetas e até com uma tesoura roxa. Eu amei!

Não costumava pedir livros nas datas especiais, Dia das Crianças, aniversário, Natal. Para mim, os presentes se dividiam em três categorias: brinquedos, livros e roupas, nessa ordem de preferência. Hoje, tenho cinco sobrinhos, meus grandes amores. Todos parecem esperar que eu dê livros para eles de presente, mas não quero me tornar o "tio dos livros", que dá a mesma coisa sempre. No entanto, eles sabem o tio que têm: basta perguntar do que o Dodi mais gosta, que eles respondem "livros!". (Em tempo, Dodi é o apelido que veio da tentativa de meu sobrinho mais velho, também meu afilhado, de falar dindo.) Assim, optei por presentear com brinquedos nas datas especiais e livros no restante do ano, para eles lembrarem que os livros devem fazer parte do nosso dia a dia, que não precisam estar atrelados a nenhuma data.

Eu também não costumava pedir livro nas datas especiais. Mesmo que meus pais não tivessem o hábito de ler, adoravam quando eu demonstrava interesse na leitura. Minha mãe, minhas irmãs e eu íamos com frequência a uma livraria do bairro, a ponto de ficarmos amigos das donas. Talvez fosse uma papelaria — agora não lembro exatamente —, mas o importante é que tinha muita coisa de que eu gostava: vários tipos de lápis, canetas, cadernos, livros e estojos. Lá, naquele ambiente familiar e aconchegante, eu me sentia em casa. Na época de comprar os materiais para um novo ano letivo, eu ficava um tempão escolhendo o caderno certo para cada matéria, tentando achar um equilíbrio entre os mais caros e os que estavam em conta. Chegava em casa e organizava tudo, folheava — e até cheirava — os novos livros didáticos e ficava ansioso para começar a usá-los. E quase todas as vezes que passava na papelaria eu saía com um livro novo debaixo do braço. As lembranças daquele lugar me trazem um sentimento gostoso de nostalgia.

 A lista de livros que marcaram a minha infância é curta e não sei se isso tem a ver com um hábito que não era tão regular ou com a falta de memória. O primeiro que me vem à mente é a coleção *Desventuras em série*, de Lemony Snicket, pseudônimo do norte-americano Daniel Handler. São treze livros que narram a triste — e repleta de desgraça — história de três irmãos órfãos, que precisam escapar de um vilão interessado na herança deles. Acho que o que me chamou a atenção naqueles livros em um primeiro momento foi o fato de os irmãos terem perdido os pais muito cedo: meu maior medo. Toda vez que meus pais saíam à noite, minhas irmãs e eu temíamos que eles não voltassem. Tinha receio de acordar e ver a cama deles intocada. A origem dessa imagem que martelava na minha cabeça está em um filme a que assisti dezenas de vezes na infância: *Convenção das Bruxas*. Nele, o personagem principal, filho único, perde os pais após um acidente de carro ocorrido na madrugada. Esse pavor talvez tenha me feito sentir compaixão por aqueles três irmãos e, ao mesmo tempo, interesse em entender como seriam capazes de sobreviver àquela tragédia.

Curiosamente, acho que também me identifiquei um pouco com aquelas crianças, talvez com o fato de que elas não eram comuns. Enquanto Violet tinha uma capacidade extraordinária de encontrar solução para qualquer problema, Klaus era um leitor voraz, que não só conseguia ler mais rápido do que qualquer um, como também era dotado de uma memória fotográfica invejável. Por sua vez, Sunny, com seus pequenos dentinhos de bebê, tinha a capacidade de roer, picotar e partir qualquer material que fosse necessário.

Eu não tinha poderes, mas tinha gostos pouco comuns. Enquanto os meninos queriam bola para jogar futebol, o que nunca fui capaz de fazer minimamente bem, eu usava uma lupa para observar insetos. O futebol pode ser um grande trauma para qualquer garoto brasileiro que não curte muito o esporte. "Como assim você não gosta de jogar futebol? É brincadeira de menino, todos amam." Não me ajudava em nada o fato de o meu pai ser um grande torcedor, que ainda fazia questão de me levar ao estádio.

Eu ia para fazer companhia, mas torcia mesmo era para o jogo terminar logo.

Depois dos insetos, veio a fase das plantas carnívoras: meu pai me contou que criava plantas carnívoras quando criança, e eu achei incrível — parecia coisa de filme. Fiquei importunando meus pais até o dia em que minha mãe chegou com alguns pequenos vasos em casa. No fim, não achei que eram tão sobrenaturais ou assustadoras como na minha imaginação, mas ainda assim fiquei obcecado por elas durante um longo tempo. Algumas até se assemelhavam a pokémons, que eram um outro grande vício na minha infância.

Para minha felicidade, o segundo volume de *Desventuras em série* tinha plantas carnívoras e animais nunca vistos, e acabou virando meu favorito. Nessa fase, eu já estava mais ligado aos livros. Eu me lembro de aguardar os novos volumes serem lançados no Brasil e reclamava da demora, sem ter ideia do trabalho que estava por trás da escrita, da tradução e da publicação de um livro.

Outra memória que tenho relacionada aos livros é muito peculiar e estimada por mim. Já alfabetizado, tinha um caderno azul-escuro, com o símbolo da escola, que passei a usar para criar pequenas histórias. Inspirado por um exercício que havia feito na aula, pedi para minha mãe escrever as primeiras palavras de uma possível narrativa, e a mim caberia a gostosa tarefa de completá-la. Eu era um aluno estudioso e dedicado, e ficava muito satisfeito em ver as folhas preenchidas com pequenas histórias.

Alguns anos depois, recebemos na escola a visita de um autor de livros infantojuvenis. Ele nos contou sobre o prazer de escrever uma história, de usar a imaginação para criar personagens e de se valer de diferentes narradores para se comunicar com o leitor. A imagem daquele escritor ficou na minha mente e voltei para casa disposto a escrever uma história do zero, usando apenas a minha imaginação.

A primeira ideia que tive foi de criar o diário de um personagem fictício. Gostei da possibilidade de escrever em primeira pessoa, sendo que o narrador seria alguém diferente de mim. Assim eu poderia usar a criatividade para ir além de quem eu era e das vivências que tinha. Decidi que escreveria sobre uma adolescente apaixonada por um garoto do colégio e comecei desenvolvendo um trecho em que a garota estava com dificuldades para dormir, pois não parava de pensar no colega. Hoje acredito que estava manifestando parte da minha sexualidade de forma inconsciente por meio daquela escrita. Quando terminei a primeira página, mostrei para a minha mãe. Ela leu, achou muito legal a minha aventura como escritor mirim, mas questionou: "Não fica um pouco estranho escrever como se você fosse uma menina?" Respondi, um pouco sem jeito, que era uma personagem inventada e que autores faziam isso. Até aquele momento não tinha percebido nada de estranho na minha ideia, mas, depois que minha mãe fez a observação, entendi que não era algo que meninos da minha idade fariam.

Situações como essa se repetiram na minha infância. Um pouco mais tarde, por volta dos oito anos, criamos um pequeno caderno de respostas para falar sobre nossos interesses. Tinha de tudo: esportes, brincadeiras, brinquedos, viagens... Pedi ajuda à minha mãe para responder e, na hora da cor favorita, falei: "Roxo." Minha mãe disse algo como: "Você tem certeza de que é roxo? Não me lembro de ter ouvido você falar dessa cor antes." Decidi mudar para azul.

Desisti de dar continuidade ao diário daquela adolescente apaixonada. Comecei a pensar em novas ideias e acho que fui influenciado pela situação mundial da época, em que se falava muito sobre a invasão dos Estados Unidos ao Afeganistão. Por várias semanas trabalhei no texto que contava a história de uma família que vivia as tragédias de uma guerra e, com o máximo de criatividade de uma criança com menos de dez anos, escolhi o título "Uma família na guerra". Meus pais ficaram superorgulhosos, tanto que meu pai deu o texto para a minha avó paterna ler. Ela simplesmente amou e disse que precisaríamos publicar por alguma editora. A sugestão entusiasmada do momento não foi para a frente, mas imprimi as páginas com uma capa bem amadora, com um título feito no WordArt e uma foto de uma pomba branca voando em um céu azul. Tenho essa cópia até hoje, mas só fui reler depois de quase vinte anos.

A fase "escritor" se confunde com a época em que passei a ler mais. Foram muitos anos entretido com os livros de *Desventuras em série* e com outros que não chegaram a me marcar tanto. Então veio *o livro* — ou melhor, um universo — que impactou toda uma geração e me acompanhou por toda a pré-adolescência.

* * *

Recebo muitos pedidos de ajuda de pais e outros responsáveis que lutam contra o uso excessivo de telas por parte das crianças e ficam frustrados diante da dificuldade que têm para despertar nelas o gosto pela leitura. Qual seria a melhor forma de incentivar esse hábito nos primeiros anos da vida? Eu não tenho filhos, mas posso compartilhar o que percebi a partir da minha própria trajetória, do meu papel como tio e das mensagens que recebo dos milhares de leitores que me acompanham. Posso dividir as dicas em três pontos principais: a relação dos pais com a leitura; como as crianças enxergam os livros; os ambientes literários no dia a dia dos pequenos.

Para começar, não adianta querer que a criança crie o gosto e o hábito da leitura, exigir que ela leia, se os pais e os responsáveis nunca estão com um livro na mão. Não basta ler histórias à noite, precisa ficar claro que a leitura é uma atividade que o adulto também gosta de fazer em seus momentos livres. Isso gera interesse e curiosidade naquele futuro leitor. Crianças aprendem muito pelo exemplo daqueles que admiram. Meus sobrinhos ficam com vontade de ler só de me verem sempre com um livro na mão ou quando deparam com a estante lotada do quarto. O gosto pela leitura nasce dessa rotina do sono, da vontade da criança de ser igual a alguém que ela admira e do prazer de compartilhar um momento em que todos na casa estejam lendo cada um o seu próprio livro.

No entanto, se a leitura vira uma tarefa, algo imposto como punição ou castigo, a criança passa a enxergar aquele momento como algo solitário, a ser evitado. Ler se torna outra obrigação do seu dia a dia, como acordar cedo para ir à escola ou escovar os dentes. A leitura precisa ser uma atividade lúdica, relacionada ao prazer. Os pais e responsáveis podem propor atividades em que cada um leia um pouco do próprio livro juntos, para depois compartilharem o que leram com o outro, sem metas fixas e rígidas. Os livros também podem fazer parte da hora de brincar, com o estímulo para a criança desenhar ou encenar aquilo que acabou de ler. A criança se diverte enquanto lê. Esses são exemplos de atividades que vejo funcionarem.

A relação que a criança, e potencial leitora, tem com o mundo dos livros precisa ser estimulada. Frequentar bibliotecas e livrarias, deixar que a criança, sob supervisão, tenha autonomia para escolher suas leituras, conversar sobre autoras e autores importantes, mostrar os livros que o adulto está lendo, contar sobre memórias literárias, podem fortalecer a intimidade da criança com a leitura.

No final de junho de 1997, em Londres, a editora Bloomsbury não imaginava que a sua próxima publicação marcaria a literatura mundial e influenciaria gerações de jovens leitores. *Harry Potter e a pedra filosofal* apresentou um mundo de magia que serviria como um recanto imaginário para muitas crianças e adolescentes. Milhões de leitores no mundo todo foram — e continuam sendo — atraídos pelo universo criado naqueles livros. Nos últimos tempos, contudo, a autora tem se posicionado de forma transfóbica e decepcionou muito os fãs, já que o universo criado pelos seus livros era como um respiro para muitos jovens pertencentes à comunidade LGBTQIAPN+ — ou seja, inclusive pessoas trans.

Esse é um assunto que rende muitas polêmicas: é possível separar os autores de suas obras? Ler, assistir, ouvir músicas de artistas que se posicionam de forma discriminatória equivale, de certa forma, a apoiar essas manifestações? A discussão é complexa e não deve se limitar a um cancelamento imediato. No entanto, no caso específico da escritora de *Harry Potter*, fica muito difícil separar a obra da autora. Não se trata aqui de debater obras escritas há muitas décadas ou até séculos e que foram publicadas em um contexto histórico distinto, em que o preconceito contido na narrativa possa ser um resultado de visões "aceitáveis" para a sociedade daquela época. Nesses casos, a leitura deve ser feita sem deixar de lado uma visão crítica sobre os problemas contidos na obra.

Já em relação à autora de *Harry Potter*, muito embora suas manifestações discriminatórias não estejam expressas em seus livros, seu posicionamento não pode ser tolerado, e pessoas da comunidade LGBTQIAPN+ devem ser respeitadas. É fundamental entender que, nessas situações, opinião não se confunde com discriminação.

Não posso, contudo, ignorar a importância dessa série enquanto viajo pelas minhas memórias literárias. Abordarei a sua presença na minha formação como leitor, mas é importante deixar claro que isso não exclui os problemas envolvendo a autora e a minha reprovação quanto aos seus posicionamentos.

Nunca vou me esquecer da primeira vez que escutei o nome "Harry Potter". Eu tinha oito anos de idade e na escola era o dia em que deveríamos levar notícias recortadas de jornais para contar aos colegas. Uma amiga foi uma das escolhidas para compartilhar sua história, que era sobre a esperada publicação de um livro no Brasil, após três anos de sua publicação original. Quando ela leu o título da obra, senti algo estranho. Eu nunca havia escutado aquele nome antes. Como só fui ter aulas de inglês mais tarde, o próprio nome pronunciado por ela soou difícil de compreender. "Harry Potter": o que significava isso? Ao terminar de ler a notícia, ela pegou uma tachinha e pendurou o recorte no mural azul de feltro que ficava na lateral da sala.

Só voltaria a escutar aquele nome mais de um ano depois, quando, em 2001, foi lançada a adaptação cinematográfica do primeiro livro. Fui assistir ao filme certo dia, logo após o horário da escola, com alguns amigos de infância. Não sabia nada sobre aquele universo, e fui para o cinema sem expectativa alguma. Saí encantado, com o desejo de me transportar para aquele mundo mágico. (Muitos anos depois, eu moraria na esquina oposta à loja oficial de Harry Potter em Nova York, que tinha diariamente uma longa fila com centenas de fãs de todas as idades.)

Depois do impacto que o filme teve na minha vida, fui atrás dos livros. Logo na leitura do primeiro volume da série, percebi como os filmes eram limitados no que diz respeito à transposição da riqueza de um livro para as telas. Fiquei impressionado com a quantidade de detalhes que foi ignorada na adaptação para o cinema. Será que os fãs sabiam que deixar de ler o livro significava perder grande parte daquele mundo mágico?

O fim da minha infância foi todo marcado pelas aventuras daquele bruxinho famoso. E se o protagonista daquela história vivia as dificuldades de se encaixar em um mundo até então desconhecido por ele, por minha vez, eu estava cada vez mais fora do padrão do que a sociedade esperava de um menino da minha idade.

2
A percepção do ser diferente

É DIFÍCIL FAZER uma lista com as minhas melhores leituras, já que essa classificação está em constante mudança, considerando os livros que virão e o momento de vida que estou enfrentando. Na verdade, sou péssimo com favoritos. Quando me perguntam qual minha música, banda ou filmes preferidos, nunca sei o que responder. E essa dificuldade existe por dois motivos: em primeiro lugar, não sou daquele tipo de fã que vicia e passa a acompanhar determinado artista; em segundo lugar, escolher um favorito significa "abrir mão de outras boas opções". Como eu posso citar apenas três livros favoritos, se a lista é tão extensa? Por isso, a minha resposta sempre muda e dificilmente se resume a apenas elencar os livros. Gosto de explicar o motivo de os estar mencionando, sobretudo para contar como aquela obra me impactou na época em que a li.

As memórias literárias da época da escola costumam ser de livros pouco interessantes e complexos, que em geral tratam de temas que exigem uma maturidade além da que as crianças naquela idade têm. Por isso, fiquei surpreso ao ser fisgado por um romance indicado para a disciplina de língua portuguesa, na minha fase de pré-adolescência. Originalmente publicada em 1937, a obra se passa em Salvador e conta a história de garotos que vivem à margem da sociedade e se juntam com o objetivo de se proteger. Como se esquecer de personagens como Professor, João Grande, Pedro Bala, Sem-Pernas e Dora? Para quem não reconheceu, o livro era *Capitães da Areia*, um clássico da literatura brasileira, escrito por Jorge Amado. Por retratar crianças e adolescentes, que poderiam ter a mesma idade que eu na época, a obra criou um espaço de identificação. A grande diferença, e que chamou a minha atenção, era a triste realidade que aqueles jovens enfrentavam, vivendo nas ruas de Salvador da década de 1930. Por meio daquela leitura, tive pela primeira vez a oportunidade de saber em detalhes sobre a pobreza noticiada nos meios de comunicação, tão distante da bolha em que eu confortavelmente vivia.

A escrita de Jorge Amado conseguiu me transportar para a cidade de Salvador e para o trapiche que abrigava os jovens marginalizados pela sociedade. E, para além da identificação com os personagens, por causa de suas idades, me deparei com um livro que abordava, ainda que de forma muito sutil, um pouco do que até então eu vivia de forma solitária na minha mente. Em determinado momento, há uma passagem em que dois garotos, deitados na areia da praia, trocam carícias enquanto olham o céu escuro da noite. Na época, me surpreendeu que um livro com uma cena daquelas tivesse sido recomendado pela escola. Foi a primeira vez que eu vi o tema da homossexualidade ser tratado de forma natural, sem estereótipos.

Não posso deixar de relembrar o trecho: "Barandão agora caminhava apressadamente. O Sem-Pernas notou que ele se dirigia para o outro extremo do trapiche, onde a areia era mais fina ainda. Foi então pelo outro lado e chegou a tempo de ver Barandão, que se encontrava com um vulto. Logo o reconheceu: era Almiro, um do grupo, de doze anos, gordo e preguiçoso. Deitaram-se juntos, o negro acariciando Almiro. O Sem-Pernas chegou a ouvir as palavras (...). O Sem-Pernas recuou e sua angústia cresceu. Todos procuravam um carinho, qualquer coisa fora daquela vida: (...) Barandão e Almiro no amor na areia do cais."

A passagem é bem sutil, mas isso não impediu que eu me identificasse com aquele momento descrito. O que não percebi nessa leitura é que também havia algumas passagens em que o afeto entre os garotos era visto como reprovável. Na época em que li, não sabia o significado de "pederastia", termo que aparece em um trecho do livro quando o narrador conta que Padre José Pedro fazia de tudo "para exterminar a pederastia do grupo", por ser um pecado, ou indigno. Pedro Bala, o líder do bando, também tenta arrancar "a pederastia de entre os Capitães da Areia como um médico arranca um apêndice doente do corpo de um homem". Que bom que não entendi na hora o que estava sendo dito, ou poderia ter achado que o que eu sentia era uma doença, como afirma o narrador. Com aquela idade, cheio de medos e imaturidade, talvez não fosse capaz de compreender que eu não tinha nada a ser curado.

Ainda assim, *Capitães da Areia* permanece como um dos livros que mais me marcaram. Hoje sei que as passagens que reprimem relações afetivas entre pessoas do mesmo gênero são uma denúncia do preconceito enraizado na sociedade da época — e que ainda persiste. Uma denúncia do que muitos jovens, que viviam as mesmas angústias que eu, deviam passar.

Você já imaginou viver em estado de alerta, como se guardasse um segredo muito valioso, que a qualquer momento pudesse ser descoberto? Como se seus passos e suas atitudes tivessem que ser pensadas e controladas para que o seu lado obscuro não viesse à tona? Foi basicamente assim que passei a me sentir a partir do final da minha infância. Falamos para os jovens aproveitarem a fase em que vivem, antes que surjam responsabilidades e preocupações típicas da vida adulta, mas, infelizmente, essa não é a realidade para muitos. E não apenas por questões envolvendo sexualidade, mas também outros tipos de discriminações.

Quem frequentou a escola sabe que esse pode ser um ambiente ameaçador e violento, ainda mais para adolescentes. O diferente acaba sendo visto como estranho ou indesejado e, por conta disso, sofre rejeição dos demais. A importância de se discutir sobre o bullying, felizmente, vem sendo cada vez mais reconhecida, assim como o sofrimento e as consequências que esse tipo de comportamento pode causar. Na minha época, porém, não era assim.

A vida toda estudei em uma tradicional escola alemã em São Paulo, em que os alunos deviam seguir uma infinidade de regras. A consequência de algumas delas — intencionalmente ou não — era certa padronização do comportamento das crianças. Até a quarta série, todo mundo precisava usar meias brancas e tênis predominantemente brancos. Eu me lembro da diretora passando de classe em classe e olhando para os pés dos alunos. No caso de algum desvio, os pais eram informados de que o aluno estava indo contra as normas da escola.

Quando a diretora entrava na sala de aula, todos os alunos tinham que se levantar e falar em conjunto e em voz alta: "Bom dia, Dona...". Sim, todas as professoras tinham que ser chamadas de "Dona", seguido do nome. Regras em um ambiente escolar são importantes, mas acho que na minha escola algumas eram rígidas demais e não traziam vantagens.

Uniformes foram uma realidade na minha vida e só deixei de usá-los na faculdade. Era prático, por não precisar escolher o que vestir, mas percebi depois que o uniforme tornava todo mundo igual, sem que fosse permitido ao adolescente expressar pelo menos um pouco da sua personalidade. Não se podia nem usar um casaco que não fosse do uniforme. Caso você não retirasse o casaco comum ou não o colocasse por baixo da camiseta, era proibido de assistir às aulas.

Não aprendi o valor da diversidade no ambiente escolar e o que acabei concluindo foi que ser diferente era indesejado. Eu sabia que era diferente, e sofria por isso. Só muitos anos depois, com os livros e a leitura, desconstruí muitos dos preconceitos dos quais não fui estimulado a me desfazer nessa fase da escola.

Naquela época, ainda se debatia pouquíssimo sobre bullying. Grupos insultando ou humilhando alguma outra criança ou adolescente era uma cena comum. Quem, de alguma forma, fugia do padrão esperado, fosse em relação à aparência ou ao comportamento, por exemplo, estava sujeito a ser vítima de outros estudantes. Se escapei de um bullying mais forte, foi porque me privei muito e mantive um constante e exaustivo controle do meu comportamento. Quem conviveu comigo durante essa fase talvez diga que nem sofri tanto assim. E aí a gente entende que, grande parte das vezes, o sofrimento é um sentimento solitário, que atormenta o seu hospedeiro com a vergonha de mostrar para os outros a sua vulnerabilidade, impedindo-o de compartilhar a dor e de pedir ajuda.

Percebo que essa é uma experiência comum para a comunidade LGBTQIAPN+: crescer escondendo quem se é. É fácil imaginar as consequências. Com o tempo, fica difícil identificar o que é a sua personalidade e o que é a imagem construída com o objetivo de passar despercebido aos olhos dos outros.

Até hoje, mesmo depois de me aceitar plenamente como sou e não mais precisar me esconder dos outros, sinto essa dificuldade. Em alguns momentos, preciso parar e refletir se realmente gosto ou não de determinada coisa, ou se estou apenas repetindo os comportamentos da adolescência. Isso acontece no meu dia a dia e com coisas banais: desde um determinado drinque no bar, uma peça de roupa, uma música e até mesmo um livro. Lembro de, mais novo, fingir que não gostava de Chiquititas, Sandy & Junior, porque nenhum amigo gostava. Mas aproveitava que minhas irmãs gostavam, para assistir e ouvir com elas.

É difícil explicar a sensação de controle constante para alguém que nunca precisou esconder algo de ninguém. Ainda que eu estivesse em dúvida se era ou não gay, pensava que não podia me comportar ou mostrar curiosidade por algumas coisas que eu realmente gostava ou queria fazer. Até a leitura foi prejudicada nesse período da escola, porque eu queria fazer parte do grupo de meninos populares, que se interessavam e falavam das garotas, iam para festas, não se interessavam tanto pelos estudos, enfim, tudo para reafirmar a masculinidade. Ler era considerada uma atividade feminina ou dos nerds — que na época não eram populares! Então, fiz de tudo para não ser rotulado. "Que moleque ia preferir ler a jogar futebol?"

As aulas de educação física foram um grande trauma. A partir de certa idade, meninos e meninas eram separados, e os meninos jogavam futebol. Toda aula eu precisava inventar uma desculpa para escapar. Eu realmente era muito ruim, então fingia estar com dor, ou machucado. Quando tinha coragem, falava que ia jogar outra coisa com as meninas, sabendo que em seguida seria alvo de zoações. Quando não conseguia escapar e jogar futebol era simplesmente inevitável, me esforçava ao máximo para não dar vexame.

Lembro que, mentalmente, eu dividia a semana em antes e depois das aulas de educação física. Depois da última aula de educação física da semana, eu me sentia tranquilo, como se pudesse diminuir o estado de alerta nos dias seguintes.

Pode parecer exagero, mas, quando você está nessa situação de vulnerabilidade e não tem maturidade para impor os seus interesses e a sua forma de se comportar, pequenos gatilhos causam muito sofrimento no seu dia a dia. Acabamos superdimensionando a opinião que os outros têm sobre nossos comportamentos.

Por sorte, e para o meu alívio, em casa, a sensação de alerta era praticamente inexistente. Lá eu tinha mais liberdade. Com o tempo, claro que acabei me podando, a ponto de não saber realmente o que eu queria fazer ou se estava fazendo apenas para seguir padrões.

Na escola, no final das contas, apesar de ouvir comentários ou brincadeiras sobre minha orientação sexual, já que eu "parecia um pouco gay", acabei fazendo parte do grupo de alunos populares, era convidado para as festas e passei a demonstrar interesse pelas meninas. Compensei a falta de jeito nos esportes com excelentes resultados em sala de aula. Aluno exemplar, querido pelos professores, vida social agitada: eu era visto como um modelo pelos pais dos meus amigos. Assim, entrei em um ritmo automático de fazer escolhas que me enquadrassem nos padrões.

E mesmo com todo o meu — exaustivo — esforço de tentar controlar o que os outros pensavam sobre mim, eu não era invencível. Em mais um dia comum de aulas, cheguei na escola e me deparei com a palavra "GAY" escrita em letras grandes bem no meu armário. Como os escaninhos não tinham nomes, os alunos não associaram aquele escaninho a mim, mas eu sabia que quem havia escrito aquilo tinha tentado me ferir.

Nos dias seguintes, evitei usar o armário se houvesse algum colega por perto, até chegar ao ponto de parar de usá-lo. Passei a carregar os livros na minha mochila. As férias chegaram e, para a minha felicidade, os armários foram limpos. Voltei a guardar o meu material, mas a sensação ruim ficou, assim como a dúvida de quem havia escrito aquilo. Será que os alunos comentavam sobre isso pelas minhas costas?

Apesar dessa repressão, não fui uma criança ou um adolescente triste. Adorava meus amigos, gostava de estudar e ir às aulas. O sofrimento estava mais ligado ao fato de passar o tempo todo consciente de como me comportava para não parecer gay aos olhos de quem estava a minha volta. Era uma rotina ansiosa, com os pensamentos a mil.

Eu não imaginava que outras crianças poderiam experimentar essas angústias e não tinha referências sobre outro garoto com as mesmas dúvidas que eu. Se eu tivesse tido contato com alguma forma de representatividade naquela época, talvez isso reduzisse meu sofrimento ou acelerasse meu processo de aceitação.

Poucos meses depois de ter começado a vivenciar a minha sexualidade abertamente, já adulto, assisti ao filme *Me chame pelo seu nome*, adaptação audiovisual do livro de mesmo nome escrito pelo ítalo-egípcio-americano André Aciman. É uma história maravilhosa, de um jovem que vive uma primeira paixão por outro homem, aluno de seu pai. Terminei o filme aos prantos. Ao mesmo tempo que sentia uma tristeza profunda por nunca ter vivido aquilo na minha adolescência, estava feliz por saber que outros jovens poderiam assistir ao filme e ter essa referência.

Outra adaptação que me emocionou muito foi *Heartstopper*, baseada na história em quadrinhos de Alice Oseman. Dois garotos que estudam juntos, ficam amigos e começam a descobrir sentimentos mais intensos um pelo outro. Quando na minha adolescência imaginei que existiria uma história como essa sendo divulgada e assistida por milhões de outros jovens?

A fase de amadurecimento do ser humano é complexa. Todos, independentemente de origem, gênero, sexualidade, enfrentamos dificuldades na passagem para a vida adulta. Esse tema é explorado há séculos pela literatura, e são tantos os livros que refletem sobre esses desafios do fim da juventude que eles compõem até uma categoria: são os romances de formação — que têm como origem o conceito alemão de *Bildungsroman*. Basicamente, trata-se de uma obra em que o leitor acompanha a mudança, a formação moral e física do personagem, assim como os impactos do passar dos anos tanto nas relações sociais quanto na forma como o personagem enxerga o mundo. Em muitas dessas narrativas é possível perceber como as experiências do personagem enquanto criança e adolescente influenciaram sua personalidade e seus comportamentos quando um cidadão já formado.

Um dos romances de formação ocidentais mais aclamados é *O apanhador no campo de centeio*, do autor norte-americano Jerome David Salinger (também conhecido apenas como J. D. Salinger). Holden Caulfield é o protagonista de dezesseis anos que passa um fim de semana perambulando pela cidade de Nova York, após ser expulso de um internato, enquanto reflete sobre a sua juventude e seus planos para o futuro. Publicado em 1951, o livro é considerado um dos pioneiros na abordagem da adolescência como uma fase relevante na formação do indivíduo, repleta de conflitos internos e incertezas.

(Para tentar atrair a atenção dos alunos de onze e doze anos, minha professora mencionou que Mark David Chapman estava com o livro no momento em que assassinou o famoso Beatle John Lennon. Não nego que isso tenha despertado curiosidade em mim, mas imaginei que iria encontrar algo muito mais violento do que a história de um adolescente rebelde. Teria o livro motivado o assassino de John Lennon a cometer o crime? Na época, não captei nem um simples indício disso. Terminei de ler um pouco decepcionado e, depois de feita a prova, o enredo foi rapidamente se apagando da minha memória, sem deixar uma emoção mais forte.)

Há diversas outras obras do gênero (nem todas com uma história como essa). Dentre elas, *Demian*, do autor alemão e vencedor do prêmio Nobel de Literatura de 1946, Hermann Hesse. Meu primeiro contato com o autor foi com o maravilhoso *Sidarta*, que narra a busca do protagonista que dá nome ao livro por um estágio de maior autoconhecimento e sabedoria. É um tema que não se encontra de forma tão corriqueira na literatura de ficção e que povoa as estantes dos gêneros de autoajuda e desenvolvimento pessoal. Gostei muito da leitura, e isso me incentivou a ler outras obras do autor. Na sequência, li *O lobo da estepe*, obra com a qual me identifiquei muito, apesar de narrar reflexões de um personagem sobre a vida no alto dos seus cinquenta anos.

Depois de algum tempo, escolhi me aventurar em *Demian*, esse, sim, um romance de formação e considerado um dos livros mais importantes do autor. Acompanhei a infância e a juventude de Emil Sinclair durante a época que antecedeu a Primeira Guerra Mundial. Sinclair vivencia a saída da segurança da casa dos pais e começa uma amizade pouco convencional com Max Demian. A partir disso, o leitor encontra várias reflexões sobre a existência daquele jovem e sobre dualidades que marcam nossa vida. Hermann Hesse é até hoje um dos meus autores favoritos.

Há ainda outros romances de formação que recomendo:

O sol é para todos, de Harper Lee; *Norwegian Wood*, de Haruki Murakami; e *Ciranda de pedra*, de Lygia Fagundes Telles. Apesar das peculiaridades e nuances de cada uma dessas obras, há um aspecto intrínseco a todas: a complexidade do amadurecimento do ser humano e as dificuldades em se lidar com tantas mudanças e emoções que permeiam esse período. Essa fase pode ser muito sofrida para o jovem, sobretudo quando paira sobre ele um sentimento de não pertencimento ou falta de identificação com os grupos a sua volta.

Apesar de ter lido romances de formação com os quais havia me identificado de certa maneira — os medos com a chegada da fase adulta e a insegurança de sair de debaixo das asas dos pais —, foi só com quase trinta anos que um livro desse gênero realmente me tocou por tratar da maior angústia que senti na adolescência. Para a minha surpresa, o livro foi originalmente publicado em 1949 por um autor japonês: *Confissões de uma máscara*, de Yukio Mishima. Mesmo que a história se passe há quase meio século atrás e num país a dezenas de milhares de quilômetros de distância, parecia que muitas das passagens da obra eram pensamentos que tinham saído da minha cabeça. O protagonista, assim como eu quando jovem, sofre por não se sentir atraído por garotas, tem dúvidas sobre os próprios sentimentos e vive em uma sociedade que não admite relacionamentos homoafetivos. O autor escreveu o livro aos 22 anos e a narrativa apresenta um forte aspecto autobiográfico. Ou seja, Mishima viveu esses conflitos e, por isso, consegue transmitir tão bem a luta interna contra a própria orientação sexual. O autor foi um defensor das tradições milenares da cultura japonesa e sua morte está cercada de polêmica. Antes de completar cinquenta anos, Mishima realizou haraquiri, suicídio ritual praticado no Japão, especialmente pelos guerreiros e pelos nobres, que consiste em rasgar o ventre à faca ou a sabre.

O livro talvez não seja considerado tecnicamente um romance de formação, mas é nesse processo de construção da própria identidade, desde a escola até a vida adulta, que o protagonista começa a construir uma máscara, por trás da qual se esconde. Eu também construí uma máscara para mostrar para o mundo externo o que a sociedade esperava de mim.

Além de usar o bom desempenho escolar para tirar o foco das brincadeiras sobre mim, passei a demonstrar interesse por meninas. É claro que durante a época de desenvolvimento e descoberta sexual há nos jovens um desejo de se aventurar, paquerar, conseguir o primeiro beijo e receber atenção de alguém. De uma hora para outra, garotas passaram a ser o principal assunto das conversas. Para meus amigos, isso era natural, mas, aos poucos, fui notando que meu interesse não era intenso como o deles.

Além disso, a amizade entre meninos e meninas agora tinha segundas intenções. Existia realmente uma amizade entre um menino e uma menina, sem que no fundo algum dos dois tivesse outros interesses que não amizade? Para mim, a amizade continuava igual, talvez até mais forte; eu me sentia mais tranquilo com meninas, conseguia uma intimidade maior com elas, e isso facilitava a aproximação, enquanto muitos dos meus amigos tinham dificuldade.

Pré-adolescente, fui ficando cada vez mais consciente de que a sensação que eu tinha de ser diferente estava ligada à minha sexualidade. Nunca vou me esquecer do domingo em que o *Fantástico* exibiu uma reportagem sobre um estudo que prometia transformar os homossexuais em heterossexuais. Na época, sexualidade era um tabu no ambiente em que vivia. Se alguém falava sobre gays era, em geral, como forma de piada ou xingamento. Além disso, eu nunca tinha ouvido falar da crueldade e violência das terapias de conversão. A abordagem da reportagem devia ser nesse sentido. No entanto, lembro de passar anos fantasiando que até eu ser adulto iriam descobrir uma forma de me curar.

Para piorar, algumas pessoas que queriam mostrar que "toleravam" homossexuais diziam: "Se ele quer ser gay, eu não tenho nada a ver com isso, desde que faça dentro das quatro paredes." Eu ficava confuso, porque em nenhum momento quis sentir aquilo, quis viver aquele conflito sobre quem eu era. Se o que eu sentia era uma opção, como mudar? Que angústia me lembrar dessa época... A falta de informação sobre sexualidade e o fato de eu não conviver com gays ou com pessoas que se identificassem como LGBTQIAPN+ (que, nessa época, ainda era designada como GLS, Gays, Lésbicas e Simpatizantes) me faziam pensar dessa forma.

A atração por outros garotos ainda era um aspecto confuso para mim. Depois de conversar com amigos gays, hoje sei que o tempo de cada um é diferente: enquanto alguns se sentem atraídos desde pequenos por garotos da mesma idade, outros apenas percebem seu desejo na idade adulta. A repressão que eu me impus para não ser gay provavelmente influenciou a manifestação dos meus desejos. E é assim mesmo: quando o assunto é sexualidade, não há um momento exato para nada. Cada experiência é única e depende tanto de aspectos relacionados ao indivíduo e à sua personalidade quanto do ambiente e da possibilidade de troca com pessoas à sua volta.

Fiquei muito afastado dos livros durante a adolescência: primeiro, porque a leitura não era um assunto comum no ambiente escolar, muito menos nos grupos dos quais eu participava, e também para evitar essa atividade considerada de menina e não causar qualquer estranhamento entre meus amigos. Eles não conversavam sobre livros da mesma forma que falavam sobre filmes e seriados. E na escola não havia muitos incentivos para que os alunos lessem por prazer. A metodologia previa leituras obrigatórias, sobretudo no ensino médio, com o objetivo de preparar os alunos para as provas de vestibular.

Eu, que me dedicava aos estudos e gostava de prestar atenção nas aulas, li praticamente todos os livros exigidos. Admito que muitos não me animaram e, realmente, li apenas para fazer as provas. Mas, assim como *Capitães da Areia*, outros me marcaram e contribuíram para despertar a minha paixão pela literatura.

Outros dois livros nacionais ficaram muito marcados nas minhas memórias da experiência escolar: *Vidas secas*, de Graciliano Ramos, e *Dom Casmurro*, de Machado de Assis. Posso dizer que, mesmo que minha maturidade à época não me permitisse absorver tudo o que gostaria, aproveitei a leitura desses livros.

As duas obras fizeram parte do curso de um ótimo professor de literatura, o melhor que tive. Com ele compreendi pela primeira vez o que era alguém apaixonado pela leitura. Eu ainda não me considerava um apaixonado, mas percebia como o professor era capaz de falar sobre livros para que os alunos entendessem o poder da literatura. Essa tarefa é árdua e o esforço dele, admirável. Tento atualmente canalizar essa mesma emoção ao usar as redes sociais para incentivar a leitura e fazer nascer dentro de cada um a paixão pelos livros. E o mais curioso é que esse mesmo professor me encontrou anos depois nas redes sociais e, hoje, trocamos com frequência dicas e conteúdos sobre leitura. Obrigado, professor.

A aula mais marcante certamente foi sobre o capítulo "Baleia", de *Vidas secas*. Apesar da tristeza, consegui chegar até o final e acredito que a forma sensível como Graciliano construiu as cenas me fez resistir à tentação de pular as páginas. Compartilho um trecho desse capítulo que ficou na minha memória:

> *Abriu os olhos a custo. Agora havia uma grande escuridão, com certeza o sol desaparecera.*
>
> *Os chocalhos das cabras tilintaram para os lados do rio, o fartum do chiqueiro espalhou-se pela vizinhança.*
>
> *Baleia assustou-se. Que faziam aqueles animais soltos de noite? A obrigação dela era levantar-se, conduzi-los ao bebedouro. Franziu as ventas, procurando distinguir os meninos. Estranhou a ausência deles.*
>
> *Não se lembrava de Fabiano. Tinha havido um desastre, mas Baleia não atribuía a esse desastre a impotência em que se achava nem percebia que estava livre de responsabilidades. Uma angústia apertou-lhe o pequeno coração.*

Já a leitura de *Dom Casmurro* me despertou sensações diferentes. Nesse caso, o título era conhecido. Aos dezesseis anos, eu já tinha ouvido falar de Machado de Assis, mas não conhecia nada muito além dos nomes. De cara, imaginei que uma obra escrita em 1899, considerada uma das mais importantes da literatura nacional, não poderia ser tranquila e muito menos gostosa de ler. Mas fiquei animado no decorrer do processo por perceber que não estava sendo um bicho de sete cabeças. (Admito que imaginei que seria como ler os difíceis versos de *Auto da barca do inferno*. Engano meu.) A leitura não só foi fluida, como fui completamente fisgado pela história de Bentinho e Capitu. Meus colegas e eu ainda não éramos capazes de entender a grandiosidade daquela obra para a literatura mundial, mas o professor deixou uma pista importante: diferentemente do que muitos leitores um dia já acreditaram, a relevância de *Dom Casmurro* não está em saber se Capitu traiu ou não Bentinho.

Houve também um livro estrangeiro indicado pela escola (na aula de história!), cujo autor, filho de pais britânicos, havia nascido em 1903, na Índia, e voltou à Inglaterra com pouco mais de um ano. Dos seus vários livros publicados, entre ficção e não ficção, o combinado era ler *A revolução dos bichos*, uma de suas obras mais famosas (aquele mesmo que minha avó não tinha lido!). Mais recentemente, a obra recebeu nova tradução e um título mais fiel ao original: *A fazenda dos animais*. Quando li a sinopse, fiquei surpreso, já que não imaginava encontrar uma história daquela em um livro escrito em 1945.

Como mencionei, o meu fascínio por animais me acompanhou desde cedo. Cresci vendo minha mãe encostar o carro onde estivesse para resgatar cachorros debilitados que tinham cruzado seu caminho. E, por conta dessa relação com os animais, eu não consigo ler trechos de livros — ou assistir a filmes — que envolvam algum tipo de maus-tratos. Por isso, por ter como premissa um grupo de animais que decidem se rebelar contra os fazendeiros que os exploravam, imaginei que a leitura seria difícil para mim. Logo entendi, no entanto, que os personagens criados por Orwell não eram exatamente animais comuns. O autor britânico humanizou os bichos da fazenda, atribuindo-lhes características que removiam o aspecto de vulnerabilidade e pureza dos animais. E isso certamente facilitou a leitura. Em sala de aula, entendi que os animais da obra de Orwell representavam diferentes grupos da nossa sociedade àquela época, já que a narrativa retratava a revolução socialista promovida por Stalin na antiga União Soviética. Aí tudo fez sentido! Entendi por que estávamos lendo um clássico da ficção na aula de história.

Houve, claro, essas e outras experiências enriquecedoras com livros indicados pelos professores. Outros, no entanto, foram menos proveitosos. Lemos *Iracema*, de José de Alencar; *Memórias de um sargento de milícias*, de Manuel Antônio de Almeida; e *Auto da barca do inferno*, de Gil Vicente, mas não consegui me conectar com as obras. As horas se arrastavam e eu só queria chegar ao final. A leitura daqueles livros não passava de obrigação, para fazer uma prova e tirar uma boa nota.

Naquela época, contudo, já tinha entendido que — mesmo que ninguém lesse muito na minha casa e que a escola não ajudasse — eu gostava de literatura. Eu queria ler, mas ficava perdido na hora de escolher as próximas leituras. Buscava algo diferente das indicações da escola, mas à minha volta não havia quem indicar bons livros. Onde eu poderia conseguir boas recomendações?

Certo dia, por acaso, descobri nas últimas páginas de uma revista semanal que meus pais assinavam uma lista com os livros mais vendidos no Brasil. Era divertido acompanhar os números, descobrir há quantas semanas determinado livro estava na lista e quais tinham acabado de entrar, fazer comparações e apostas. Na minha ingenuidade e sem nenhum conhecimento do mercado editorial, eu achava que os livros da lista dos mais vendidos eram os melhores. Escolher um deles significava ler o que havia de mais interessante e enriquecedor. O problema é que eu tentava ler alguns daqueles títulos, mas eles não me interessavam nem um pouco. Isso me fazia pensar que talvez eu não fosse um bom leitor ou, pior, que eu não gostava de ler. Se aqueles eram os melhores e mais legais e eu não me interessava, o problema devia ser comigo.

Na época, um dos livros que estavam nessas listas era *O Código da Vinci*, do escritor norte-americano Dan Brown — mesmo tendo sido publicado no Brasil em 2004, por vários anos ele permaneceu entre os títulos mais vendidos. Acabei encontrando um exemplar nas estantes de casa (meus pais devem ter ganhado em um amigo secreto de fim de ano) e comecei a leitura cheio de expectativas. Não sei se foi por conta da minha idade ou porque o *hype* era exagerado, mas confesso que não me envolvi tanto na leitura. Eu ainda não tinha muito o hábito de ler e me perdia na narrativa e nos personagens. Certamente não peguei várias referências que o autor usou para demonstrar o vasto conhecimento do personagem principal, o simbologista

Robert Langdon. Após um assassinato no Museu do Louvre, Langdon precisa decifrar pistas escondidas nas obras de Leonardo da Vinci, que o levam a descobrir posteriormente uma sociedade secreta.

Terminei a leitura com muita insistência. Como seus outros livros estavam entre os mais vendidos, acreditava que ele era um dos melhores escritores que poderiam existir, e decidi dar outra chance ao autor. *Ponto de impacto, Fortaleza Digital, O símbolo perdido*... As histórias de suspense criadas por Brown se entrelaçavam aos mais diversos temas: artes, religião, ciência, tecnologia... Enfim percebi que todas seguiam um mesmo roteiro: algumas conspirações e um protagonista capaz de resolver enigmas e impedir um desastre! E, diferentemente daquela primeira leitura, as novas obras me fisgaram desde o começo e consegui me divertir bastante, porque naquela época essas obras tinham exatamente aquilo que buscava: uma narrativa que me prendesse do início ao fim.

Outra obra que me marcou de forma positiva nesse período foi o sucesso mundial *A menina que roubava livros*, do autor australiano Markus Zusak. Encontrei esse livro na mesa de cabeceira do meu pai, que deve ter ganhado de presente, e a capa me chamou atenção. Um cenário de neve, com uma árvore sem folhas, uma pessoa toda vestida de preto caminhando com um guarda-chuva vermelho. Seria aquela a imagem da morte? Não conhecia o livro, mas como meu pai não lia muito, imaginei que aquela história devia ser boa. Pela sinopse, me interessei pelo tema: livros e Segunda

Guerra Mundial. Fiquei fascinado pela relação da protagonista com um judeu que estava se escondendo dos nazistas em sua casa. Uma amizade linda, em um cenário de medo e violência, tendo os livros como personagens importantes.

Enquanto escrevia este livro, passeei por muitas memórias literárias, literal e metaforicamente. Em um desses "passeios", encontrei no meu quarto um livro de memórias que criei quando estava na quarta série. Foi uma atividade escolar que durou o ano todo. Em cada página, havia perguntas feitas pelos professores a que deveríamos responder ao longo dos meses. A ideia geral do projeto era que guardássemos o livrinho para que nossa versão adulta pudesse conhecer melhor aquela criança de nove anos. Lá estavam as respostas para várias perguntas triviais: quais eram meus melhores amigos, minha comida preferida e meus livros favoritos (que vocês já devem adivinhar: *Desventuras em série* e as obras do universo de *Harry Potter*). Mas a resposta a uma das perguntas me deixou perplexo: "O que você deseja ser quando crescer?" Aos nove anos, eu afirmei que queria ser advogado. Ao reler essas páginas tantos anos depois, me questionei: fizeram lavagem cerebral em mim? Não era a época em que eu deveria querer ser algo um pouco mais emocionante, como astronauta e piloto de avião?

A explicação é a influência familiar. Meu pai, meu avô paterno, meu tio e, depois, minha irmã trilharam o caminho da advocacia. Assim, faz sentido que eu tenha respondido no automático, apenas repetindo os exemplos que tinha em casa.

O Direito não foi uma escolha ao acaso, mas isso não significa que foi uma escolha simples. Dos nove anos, desde aquele livrinho de perguntas e respostas até a idade em que deveria realmente decidir, a dúvida sobre qual curso escolher gerou uma grande ansiedade (até hoje costumo dizer que parte de mim se ressente de não ter optado pela Medicina).

O meu interesse pela Medicina despertou no ensino médio. Comecei a ter aulas de biologia e me apaixonei. Nessa mesma época, eu estava assistindo a alguns seriados que se passavam no ambiente hospitalar, como *Grey's Anatomy* e *E.R.* (sim, eu vejo televisão e não passo o dia inteiro lendo livros!). Eu ficava tão curioso pelo desfecho dos casos que apareciam nos episódios que, muitas vezes, pesquisava na internet sobre a doença da vez — admito que até hoje consulto o Dr. Google. Eu tinha consciência de que a ficção não se compara com a realidade de um médico, mas, ainda assim, comecei a considerar a Medicina.

Essa época logo antes do vestibular não foi um período de muitas leituras, mas alguns livros se somaram às séries na minha obsessão por ser médico. O primeiro deles foi o inesquecível *O físico*, do escritor norte-americano Noah Gordon. Ambientado no século XI, o livro retrata o dia a dia de um aprendiz de barbeiro-cirurgião na Inglaterra que fica obcecado com a possibilidade de aprender sobre a ciência da cura no Oriente. Foi mágico ler sobre o passado da Medicina e sobre como as crenças e religiões haviam interferido e obstado o trabalho dos médicos. Mesmo cerceados por diversas proibições, a curiosidade e o interesse de muitos desses profissionais permitiram importantíssimos avanços. Esse amor pelo conhecimento me deixou com brilho nos olhos e reacendeu a minha vontade de trabalhar com a ciência do corpo humano, mesmo que eu já estivesse cursando Direito. Muitos anos depois, o livro chegou a ser adaptado para o cinema, mas nada se compara à experiencia de ler sobre a vida de Rob J. Cole nas páginas do original.

O segundo livro é menos conhecido, mas sua leitura também foi uma experiência fantástica. Escrito por Abraham Verghese, *O 11º mandamento* narra a história de irmãos gêmeos siameses, Shiva e Marion, que nasceram na Etiópia na década de 1950. Após a morte da mãe, no parto, e o abandono do pai, os bebês são submetidos a uma cirurgia de separação e são criados por um casal de médicos missionários. Shiva e Marion vivenciam as dificuldades e a precariedade do sistema hospitalar de um país pobre, mas isso não os impede de seguir a carreira médica. A leitura me revelou aspectos interessantes da relação entre médico e paciente e do exercício da profissão em condições precárias. É a visão do médico como ser humano, aquele que se doa ao próximo. O fato de o autor também ser médico contribuiu para sua visão sensível sobre o tema.

Ainda hoje, obras que abordam de alguma forma o universo da Medicina estão entre minhas leituras. Outros lidos e adorados foram *Olhai os lírios do campo*, de Erico Veríssimo; *A cidadela*, de Archibald Joseph Cronin; *Anotações de um jovem médico e outras narrativas*, de Mikhail Bulgákov, com nove histórias ficcionais que tratam de como o papel do médico vai além de cuidar das queixas físicas dos moradores; *A morte é um dia que vale a pena viver*, de Ana Claudia Quintana Arantes, para desconstruir o tabu sobre a morte e os cuidados paliativos; e *Pacientes que curam*, de Julia Rocha, que compartilha sua vivência como médica do Sistema Único de Saúde.

Quando avisei para a família que prestaria vestibular para Medicina, todos ficaram superorgulhosos, até porque advogados já eram muitos, e quase não havia médicos entre nós. Quando entrei no último ano da escola, porém, senti o peso da seriedade da escolha. Será que eu queria mesmo ser médico pelo resto da vida? Com aquela idade, imaginava que a escolha que eu fizesse seria definitiva. Não tinha a compreensão que tenho hoje de que as pessoas não precisam estar presas a uma carreira pelo resto da vida e é possível fazer mudanças no percurso. Mas foi assim que, com a ajuda de opiniões não solicitadas de alguns curiosos com o meu futuro, meu cérebro começou a criar dúvidas.

"Médico trabalha muito, é uma profissão sacrificante."

"Você está inseguro? Medicina é vocação, quem quer ser médico não titubeia."

"Por que você não segue a profissão da sua família? Nessa vida competitiva temos que aproveitar as facilidades que batem na nossa porta."

"Você não tem cara de médico." Ou "Você vai ser um bom advogado."

Escutei frases assim quase todos os dias numa fase em que me importava demais com a opinião dos outros. Lutando contra a minha sexualidade e com medo constante de ser descoberto, só conseguia tomar decisões que passassem pelo crivo da maioria. O que decidissem por mim, estava aprovado. Se eu não sabia opinar se gostava de uma roupa, de um drinque, de um livro — e se eu fosse visto como gay? —, imagina decidir algo tão importante como uma profissão. Ainda que nenhuma das duas profissões estivesse ligada a qualquer estereótipo de sexualidade e gênero, a minha dificuldade de tomar decisões e fazer escolhas contaminou todos os aspectos da minha vida.

Tendo a ansiedade como companhia constante, no último ano da escola, quando a responsabilidade de tomar a decisão sobre o meu futuro se aproximava, o sofrimento dobrou e passou a aparecer de diversas formas. Depois de passar um longo período com gastrite e controlá-la com remédios para o estômago, o médico intuiu que os sintomas poderiam ser uma consequência da ansiedade e me recomendou marcar uma consulta com um psiquiatra.

Na minha família, tomar remédio para depressão e ansiedade não era novidade. Dois tios eram psiquiatras e o preconceito contra esse tipo de medicação não tinha espaço. Eu sabia que o estereótipo que recaía sobre medicamentos psiquiátricos era somente falta de informação. Contei para os meus pais, marquei a consulta com um psiquiatra que acompanhava a família e ele me recomendou iniciar tratamento com remédio para lidar com a ansiedade. Uma dose bem baixa, quase um placebo. Eu não tinha ideia de que essa seria a primeira vez de muitas que eu tomaria medicamentos psiquiátricos.

Comecei também a fazer terapia. Mesmo antes desse episódio, eu já tinha curiosidade em ter uma pessoa com quem conversar. Ainda que de forma inconsciente, sentia que muita coisa dentro de mim precisava ser compartilhada, mas o medo de me expor fez com que eu adiasse a decisão. Dessa vez, confiei que a terapia poderia me ajudar.

As primeiras experiências não foram tão proveitosas, porque eu entrei com expectativas erradas do que um tratamento daqueles traria como resultados. No fundo, eu queria que o profissional sentado na minha frente escolhesse por mim o caminho para resolver as minhas dúvidas e indecisões. Como era impensável conversar sobre sexualidade naquele momento, até porque eu não tinha confessado nem para mim mesmo o que eu sentia, eu acabava colocando a culpa da minha ansiedade em outros assuntos. "Fico ansioso porque não sei se devo fazer Medicina ou Direito. Fico com medo de fazer a escolha errada e me arrepender." Ainda que não conseguisse admitir, eu sabia que a causa para a ansiedade que sentia era mais complexa e profunda.

Continuei fazendo terapia, com diferentes profissionais. Eu tentava encontrar defeitos na pessoa que me acompanhava, como se ela não estivesse sendo boa o suficiente para me ajudar com minhas angústias, mas o problema era que eu não era capaz de compartilhar a principal origem dos meus conflitos. E isso ninguém poderia fazer por mim.

Foi só no início de 2020 que eu consegui pela primeira vez me abrir com uma nova terapeuta sobre a minha sexualidade. Coincidentemente ou não, foi nesse ano que li um livro que me fez compreender a terapia de uma forma mais simples e humana. *Talvez você deva conversar com alguém*, da psicoterapeuta norte-americana Lori Gottlieb, narra a história de quatro pacientes que foram acompanhados pela autora por alguns anos, cada um com questões pessoais bem distintas, ao mesmo tempo que ela compartilha com os leitores a própria experiência como paciente em consultas com seu terapeuta.

Não conhecia ninguém que tivesse lido o livro, mas a editora havia me contado que a obra estava fazendo muito sucesso no exterior e, mesmo aquele não sendo um gênero literário que eu estava acostumado a ler, acreditava que eu iria gostar. O tema me interessou, sobretudo pelo momento que estava vivendo. Foi a primeira vez que terminei um livro chorando.

Naquela época, ainda que eu não estivesse abordando nas minhas sessões de terapia todas as dúvidas da adolescência, os prazos para a inscrição nos principais exames de vestibular estavam quase terminando. Não sei explicar que critério usei, mas me inscrevi em diversas faculdades para o curso de Medicina, com exceção da Universidade de São

Paulo, em que optei por Direito. Eu tinha consciência de que as chances de ser aprovado em Medicina na USP eram baixíssimas e, já esperando o pior, achei por bem manter uma opção para o Direito. Passei a vida inteira usando essa tática para evitar decepções. Caso conseguisse o que queria, que felicidade. Mas de antemão já estava esperando pelo cenário negativo. A vida escolar foi assim: nunca saí de uma prova falando que tinha ido bem. Meus amigos nem me levavam a sério, mas eu insistia: "Dessa vez é sério!" No final, acabava tirando uma nota alta. Acho que, depois de tanto tempo aplicando essa estratégia, realmente passei a acreditar no pior desfecho.

Foi assim também nos vestibulares. Fui para as provas tranquilo, com a cabeça de quem não tinha qualquer chance de passar. Depois de passar a manhã sentado por várias horas, respondendo às questões, a primeira pergunta dos meus pais era "Como foi?". Minha resposta era a mesma: "Acho que mal."

De todas as provas para Medicina que fiz, passei em apenas uma, a da PUC de São Paulo. A faculdade era bem-conceituada e ficava a uma hora da capital. Fiquei contente, mas ainda não estava certo se esse era o caminho que eu deveria seguir. No dia da matrícula, ganhei meu primeiro — e único — jaleco. Algumas semanas depois, meu pai entrou gritando no meu quarto, pulando em cima de mim. "Você passou, você passou, você passou!" Meu pai estava muito emocionado que eu tinha sido aprovado na faculdade de Direito da USP, uma universidade em que ele não havia conseguido entrar, e, de certa forma, também estaria realizando um desejo dele se aceitasse. "Você tem um problema bom para resolver."

As aulas na faculdade de Medicina começavam antes, então decidi conhecer o campus. Eu tinha alguma noção do pesadelo que era o trote nas faculdades do interior do estado, mas a realidade foi ainda pior. Naquela faculdade, o trote durava três meses: os calouros homens precisavam raspar o cabelo, só podiam usar calça jeans e camiseta branca larga e deviam fazer tudo o que os veteranos mandassem. No primeiro dia de aula, saindo da faculdade com outros dois calouros, alguns veteranos passaram de carro e nos levaram até a república onde moravam. Lá fizeram a gente comer com as mãos, embaixo da mesa; nos obrigaram a ingerir bebidas alcoólicas; nos xingaram e nos proibiram de olhar nos olhos deles. Em determinado momento, um deles falou, apontando para mim: "Acho que esse aí joga no outro time, hein? Tem todo o jeito." Meu coração foi a mil, comecei a dar risada e neguei. Eu, que sempre tentei controlar o que acontecia a minha volta, me vi em uma situação de total descontrole, no meio de um bando de estudantes que eu não conhecia.

Depois de mais humilhações, mandaram a gente ir embora. Foi bastante tenso me dar conta naquele momento de que seriam três meses daquela tortura, em que estaria totalmente exposto. Hoje sei que não me submeteria a qualquer tipo de humilhação como aquela. Depois de uma semana, decidi voltar para São Paulo para conhecer o curso de Direito e sair daquele ambiente que me causava tanta angústia.

Apesar de na faculdade de Direito o trote ser praticamente inexistente, não me senti livre de angústias e dúvidas de começar em um ambiente tão diferente. Sem eu saber, aquela seria uma fase em que teria início um processo lento — bem lento — que me levaria à autoaceitação. Também era o começo de uma reconciliação com a leitura, que passaria a exercer um papel muito mais intenso na minha vida. Tão intenso que colocaria os livros em uma posição indissociável de quem eu era, de quem eu sou.

3
Angústia

A TRANSIÇÃO DE UMA ESCOLA PARTICULAR conservadora para uma universidade pública que estimula o pensamento diverso foi fundamental para o meu amadurecimento. No convívio com estudantes vindos de várias partes do Brasil inteiro e inserido em um ambiente que estimulava o debate sobre os problemas enraizados em nossa sociedade, pude questionar a minha formação, cheia de preconceitos e travas.

Na faculdade, tive a oportunidade de conhecer pessoas diferentes, entender melhor o movimento estudantil e me encantar com a liberdade para ser quem se é, incluindo aspectos da sexualidade. No começo, fiquei um pouco chocado e intimidado, já que era tudo que eu negava dentro de mim. Em uma das primeiras festas da faculdade, vi um casal gay se beijando. Um beijão. Tenho vergonha só de lembrar da minha reação: "Nossa! Tudo bem, pode beijar. Não tenho nada contra, mas não precisa fazer isso na frente de todo mundo." Hoje sei que estava reproduzindo falas que ouvi a vida inteira e que agia assim por defesa, pela necessidade de mostrar que eu não era "aquilo", eu não era gay.

Ainda no meu primeiro ano de faculdade, o STF reconheceu a união homoafetiva. Na faculdade foi uma superfesta, uma comoção. Já na minha bolha, o assunto foi pouquíssimo comentado. Comecei a refletir sobre esse contraste e questionar o motivo dessas diferenças.

O importante para mim naquele momento foi que, diferentemente do que eu tinha imaginado, o início do curso de Direito foi animador. Por um lado, estar em uma faculdade renomada, ter aulas com professores notórios em suas áreas e viver um ambiente estudantil mais maduro fizeram com que os dois primeiros anos passassem muito rápido. Por outro, em relação à leitura, tive uma surpresa.

Antes de entrar na universidade, toda hora me perguntavam: "Você gosta de ler?" Ou: "Fazendo Direito você vai ler pra caramba." Então, achei que na faculdade de Direito iria encontrar grandes leitores. E aí, com o que eu me deparei? Com pessoas que leem muitos livros técnicos jurídicos. Isso ficou claro na faculdade e nos escritórios que passei a trabalhar como estagiário e depois como advogado. Poucos têm o hábito da leitura por prazer, presos às leituras técnicas. Jogam a culpa no tempo: "Ah, passei o dia inteiro lendo, não quero chegar em casa e ler mais. Quero descansar." Será que isso aconteceria comigo?

No último semestre do segundo ano, comecei meu primeiro estágio. Estava bem animado, mas, depois de alguns meses, me bateu um desespero de pensar que viveria aquela rotina. Eu não me via fazendo pesquisas sobre Direito Tributário até a velhice.

Por isso, no terceiro ano da faculdade, decidi que migraria para a Medicina. Era uma escolha difícil e que deixou muitas pessoas surpresas: eu precisaria dar uns passos para trás e voltar para o desgastante desafio do vestibular. Não consegui abandonar a faculdade de Direito, mas comecei a fazer o cursinho pré-vestibular em paralelo. A aventura, no entanto, durou apenas dois meses. Na primeira semana, esbarrei com um professor que tinha me dado aula de química na escola e que se surpreendeu ao me ver ali. "O que você está fazendo aqui? Você já conseguiu o que todo mundo quer." Essa repreensão mexeu muito comigo e abalou um pouco minhas certezas. O destino, contudo, tinha feito outras escolhas para mim. No segundo mês no curso, encontrei uma professora da faculdade de Direito, com quem eu tinha uma relação muito boa, e me abri com ela, expondo minhas dúvidas sobre continuar ou não. Ela disse que a culpa pelo meu desânimo não era da faculdade propriamente, mas do tipo de estágio que eu havia escolhido. "Vou te indicar para um lugar que tem a sua cara." Fui. Não poderia ter tomado decisão mais acertada. A conexão foi tamanha que estou no mesmo escritório até hoje.

Nessa época, as reflexões sobre a área médica passaram a fazer parte da minha vida por outra via, de uma forma negativa. Aos 78 anos, o meu avô paterno precisou se submeter a uma cirurgia de coração, que não era simples, mas a princípio não representava grandes riscos. Infelizmente, ele saiu da sala de cirurgia em coma, ficou internado por três meses e nunca mais acordou.

Durante esse tempo, eu ia várias vezes por semana visitá-lo e fazer companhia para a minha avó, que nunca saiu do lado dele, até a despedida final. Os médicos tentavam de tudo. Na urgência de evitar a morte a qualquer custo, nos últimos dias meu avô estava irreconhecível, com vários tubos conectados a seu corpo fazendo o papel de órgãos fundamentais que tinham entrado em colapso. Era difícil saber o quanto do meu avô estava lá e o quanto dele as máquinas mantinham. Foi a primeira vez que refleti sobre a dificuldade do ser humano em lidar com a morte e com a inevitável experiência de vivenciar despedidas.

Nos últimos dias, estávamos todos muito cansados. Meu avô estava sofrendo, todos nós estávamos. Se ele acordasse, odiaria estar naquele estado. Tanto é que passou a vida dizendo: "Quando o dia chegar, quero que me coloquem no caixão da forma que eu tiver ido. Me enrolem em um lençol e fechem." Assim foi feito: caixão fechado, sem troca de roupa, sem nenhuma exposição. Sobraram as inúmeras memórias e a saudade de um homem que nos ensinou a valorizar a família acima de tudo.

A perda do meu avô foi o meu primeiro contato mais próximo com a morte, já maduro. Quando eu ainda era criança, a minha família materna sofreu com a desoladora perda da minha prima, de quase um ano, vítima fatal de uma doença que se desenvolveu em poucas horas. Por conta da minha idade, não participei de perto dos acontecimentos e só passei a compartilhar do sofrimento de todos após o tristíssimo desfecho daquela história. Apesar de ser ainda criança, eu pude perceber que aquela perda não fazia sentido. Não era nada parecido com a história de amigos que tinham testemunhado a morte de pessoas mais velhas da família. A minha querida prima era uma vítima da desordem dos caminhos e até hoje sua perda é sentida. Há fotos dela na casa da minha avó, no mural da minha mãe, nos álbuns. Me dói imaginar o vazio sentido pelos meus tios.

Com o meu avô, por sua vez, os capítulos estavam na sequência tolerável e pude estar ao seu lado no último momento. A imagem da morte, assim tão de perto, é impossível de esquecer. Lembro de estarmos ao redor da cama, minha avó, meus tios e primos, rezando e esperando que meu avô descansasse daquele sofrimento. Ou, talvez, que nós o deixássemos partir. Foi uma cena muito dolorida, cujos detalhes, mesmo passados muitos anos, ainda consigo relembrar. As respirações ofegantes, o barulho de choro abafado por todo o quarto, como se as últimas doses de força estivessem sendo descarregadas de uma vez só. De um segundo para outro, ele não estava mais lá. Tínhamos poucos minutos para um último abraço, um último beijo no que havia ficado daquele homem tão especial para nós.

Ele costumava me chamar de "Petruscus Cabeludus, Grande Imperador Romano", fazendo alusão ao meu cabelo cacheado. Eu e mais dois primos ficamos encarregados de escrever o texto de despedida lido na missa de sétimo dia.

De tempos em tempos, eu releio essa homenagem, recordando a potência das emoções sentidas naquele momento.

Em meados de 2022, minha irmã descobriu que estava grávida de seu terceiro filho. Um novo integrante é sempre motivo de muita felicidade na minha família, e já ansiávamos por sua chegada. Algumas semanas depois, descobrimos que seria um menino. Mais tarde, em um dos exames de rotina, foram identificadas algumas alterações. Todos na família estavam agora em estado de alerta, prontos para apoiar minha irmã caso a gravidez enfrentasse complicações. Na minha família é assim: todos se unem para direcionar energia para aquele que precisa.

Depois daquela notícia, foram meses de muita angústia, mas também de muita esperança para minha irmã e meu cunhado. Novos exames descartaram doenças mais graves, que colocassem em risco a continuidade da gravidez. Apesar da preocupação constante, nos preparávamos para vencer as dificuldades e receber meu sobrinho com todo o amor. A orientação geral era a de ter atenção redobrada até o dia do parto, mas estava tudo sob controle.

Era um dia de sol em Lisboa, daqueles em que não há uma nuvem sequer. Eu e meu namorado estávamos fazendo uma viagem curta e, naquela tarde, decidimos almoçar em um restaurante charmoso, com as cadeiras do lado de fora. Estávamos sentados, observando o movimento na rua, quando recebo uma ligação de vídeo da minha irmã. Não me assustei, porque estamos acostumados a videochamadas. Meu coração disparou quando percebi que ela estava em uma cama de hospital. "O que aconteceu?" Falei quase gritando. Ela tentou me acalmar, explicou que a bolsa havia estourado. Como assim? Ainda não havia chegado a hora. Seria um parto prematuro, mas que tinha grandes chances de ocorrer bem, ela me explicou. Consegui me acalmar até me dar conta de que estava em outro continente. Comprei passagem para o primeiro voo para o Brasil, mas descobri que eu não chegaria a tempo do parto.

Até aquele dia, eu tinha acompanhado o nascimento dos meus quatro sobrinhos através daquele vidrinho da maternidade. Não seria assim daquela vez, mas não importava. Só queria que o bebê chegasse com saúde.

Foi o voo mais longo da minha vida, já que o parto aconteceria enquanto o avião estivesse sobre o Atlântico. Por sorte, eu tinha um remédio e tomei algumas gotas para ajudar a passar o tempo mais rápido. As horas foram angustiantes, mas, assim que cheguei e conferi minhas mensagens, as notícias eram boas. O parto havia sido bom, minha irmã estava se recuperando bem e meu sobrinho tinha chegado melhor do que esperavam. Que alívio. Aquele aperto no peito afrouxou.

Quando cheguei ao hospital, o clima era de comemoração, ainda que o mais novo — e pequeno — membro da família estivesse em observação. Tudo havia sido preparado com carinho para recebê-lo. A placa que enfeitava a porta do quarto da maternidade relembrava o quanto ele havia sido guerreiro naqueles tempos de incertezas. A situação mudou, no entanto, quando seu quadro teve uma piora. Daquele momento em diante, o aperto em meu peito não teve mais alívio. Depois de passar mais um dia todo com minha irmã e meu cunhado no hospital, fui para casa. Alguns minutos depois, o telefone tocou: era minha outra irmã, com uma fala trêmula e engasgada, pedindo para eu voltar, porque nosso sobrinho tão amado estava nos deixando. Fiquei completamente zonzo. Entrei no hospital já com os olhos transbordando de lágrimas. Corri para me despedir de quem eu ainda não tinha tido tempo nem de conhecer. Um buraco no peito engolia as memórias que eu não tive.

Mas os minutos que se passaram até o último suspiro jamais serão esquecidos, pois estive ao seu lado. Quando entrei na sala da UTI, encontrei uma cena que jamais imaginei presenciar. Minha irmã no centro, com meu sobrinho tão pequeno no colo. Toda a família ao redor. Os olhares revelavam a falta que ele faria. Era um silêncio umedecido pelas lágrimas.

Ai, meu sobrinho amado, por que já vai nos deixar? Pensei por alguns segundos, mas logo agradeci por ter tido a oportunidade de te conhecer pessoalmente. Então, na verdade, eu te agradeço por ter lutado e conseguido chegar até nós.

Algumas situações apenas nos provam que não temos controle ou explicação para os capítulos que escrevem para nós. E algumas perdas, por mais que subvertam o transcurso natural, não carregam uma resposta. Nos últimos anos aprendi isso com a literatura. A morte é um tema que atormenta o ser humano e com ele se confunde desde o seu início. Os livros refletem a dificuldade de lidar com essa relação tão próxima que, em muitos momentos, tentamos ignorar.

Existem muitos livros que abordam o luto e a morte. Um deles, já mencionado, é o extraordinário *A morte é um dia que vale a pena viver*, da dra. Ana Claudia Quintana Arantes, médica brasileira que faz um trabalho importantíssimo para desmistificar a Medicina paliativa. A obra, de não ficção, aborda as dificuldades da sociedade ocidental em lidar com a morte, tanto com relação à perda de pessoas que amamos quanto à nossa própria mortalidade.

Outra não ficção que trata dessas questões é o livro *Enquanto eu respirar*, de Ana Michelle Soares, que foi paciente — e depois virou amiga — da dra. Ana Claudia. Ana Michelle conviveu por muitos anos com um câncer de mama metastático, sem possibilidade de cura. Além de relatar a sua batalha contra a doença de forma leve, o livro narra a amizade que a autora cultivou com Renata, paciente oncológica que conheceu durante os tratamentos. A obra trata de forma muito emocionante a maneira como as duas encaravam a possibilidade da morte e a urgência de viver.

Passei pela triste coincidência de terminar a leitura algumas horas antes de ser informado de que Ana Michelle havia falecido, em janeiro de 2023. Apesar de tratar com frequência sobre a proximidade de seu fim, a perda de AnaMi foi sentida por todos que acompanhavam o seu trabalho, seus livros publicados e sua trajetória nas redes sociais. Como nos mostrou de forma tão inspiradora, "existe muita vida entre o diagnóstico de uma doença terminal e a morte".

Paula, da Isabel Allende, é uma autobiografia em que a autora conta os meses angustiantes que passou ao lado da filha, que enfrentava uma doença grave, entremeada por memórias ligadas à história do Chile, país em que nasceu. Um texto sensível, que toca em assuntos difíceis, sem se deixar levar por uma visão extremamente melancólica. Um livro muito comovente, em que a autora narra episódios que nunca imaginou viver. Durante a leitura, sentimos que estamos ao lado de Isabel, ao lado de Paula e daqueles que torciam pela sua recuperação. Um livro que nos relembra como a escrita pode ser mais uma forma de lidar com a dor e com o medo.

Em *Morreste-me*, do português José Luís Peixoto, o autor faz uma homenagem a seu pai, trazendo memórias cultivadas desde a sua infância. É uma escrita poética, que mostra como a falta de alguém é sentida em diferentes momentos, como ao olhar para determinados cantos de casa. O título, por si só, já revela essa carga poética, alguém que morre de mim, em mim, para mim.

> "*E ouço o eco da tua voz, da tua voz que nunca mais poderei ouvir. A tua voz calada para sempre. E, como se adormecesses, vejo-te fechar as pálpebras sobre os olhos que nunca mais abrirás. Os teus olhos fechados para sempre. E, de uma vez,*

deixas de respirar. Para sempre. Para nunca mais. Pai. Tudo o que te sobreviveu me agride. Pai. Nunca esquecerei."

A autora norte-americana Joan Didion relata em *O ano do pensamento mágico* sua experiência de uma perda concreta e o medo constante de que alguém amado se vá a qualquer instante. Depois da morte do marido, John, vítima de ataque cardíaco, sua única filha é internada em estado crítico. Alternando momentos de alívio e alegria com dias de medo paralisante, a escritora, que faleceu no final de 2021, faz uso de sua experiência como jornalista para narrar o que está vivendo de forma objetiva. Talvez isso torne a leitura uma experiência menos emocionante, se comparada à obra de Allende. Como nos ensina Joan, a vida muda em um instante.

Em geral, os livros que tratam do luto acabam sendo inspirados em fatos reais, vividos pelos autores. Talvez seja difícil descolar da realidade e transportar para a ficção tanta dor. Contudo, um exemplo belíssimo de uma narrativa ficcional sobre a morte é *Caderno de um ausente*, de João Anzanello Carrascoza. Vencedor do prêmio Jabuti, um dos mais importantes da literatura brasileira, a obra fascina pela poesia e sensibilidade e desperta uma sensação de acolhimento. As palavras de Carrascoza abraçam. No livro, não há de fato um luto, porque não houve perda. O que há é a antecipação da perda. O caderno em questão mostra as anotações de um pai para uma filha, que acaba de nascer. A ideia de escrevê-lo surgiu por um medo desse pai, com idade avançada, de não ser lembrado e de não poder acompanhar o crescimento e as descobertas da filha. É uma carta para substituir um diálogo que talvez não aconteça.

Um ano depois da perda do meu avô, e já estagiando no novo escritório, fui me identificando cada vez mais com o Direito. O fim da faculdade significava, em certa medida, a proximidade de uma fase de maiores responsabilidades. Esse pensamento talvez tenha me assustado, sobretudo porque eu ainda não me via maduro suficiente para lidar com os próprios sentimentos. Foi diante disso que decidi realizar um desejo antigo, mas que acabaria atrasando por um tempo essa transição: fui para a França estudar por um período. Desde a adolescência, alimentava o sonho de morar fora. Quando surgiu a oportunidade de me inscrever em um programa de intercâmbio para estudantes de Direito na Sorbonne, a universidade mais tradicional da França, mergulhei na ideia.

Morar sozinho em Paris era um sonho. Experimentar a liberdade, até então inédita, fez com que a minha ansiedade diminuísse muito. Consegui até parar a medicação, sem que isso representasse qualquer prejuízo na minha qualidade de vida. Estava feliz e relaxado. E então o pior dia da minha vida aconteceu.

De um dia para o outro, estava em frente à janela, sem entender como as pessoas conseguiam caminhar, conversar ou sorrir. Naquele momento eu só conseguia experimentar uma sensação horrorosa. Eu não conseguia lembrar como era estar bem. A angústia me corroía, me fazia chorar de soluçar por horas. Sem saber o que fazer, entrava e saía do banho. Eu não conseguia ficar quieto. Então, chorava mais. Tudo deixou de fazer sentido e o meu único desejo era encontrar uma forma de tapar aquele buraco que tinha se aberto no meu peito. Não sabia se seria possível viver por muito tempo sentindo o peso da ausência de sentido, em que a descrença na melhora torna tudo insuportável. Mas deixe-me explicar o que aconteceu.

Quando fui aprovado no programa de intercâmbio, a ansiedade era tanta que, por muito tempo, fui incapaz de pensar em outra coisa que não fosse a viagem. Aquela experiência seria não apenas uma oportunidade inesquecível de aprendizado, mas me permitiria vivenciar uma liberdade que eu desconhecia. Estaria em uma cidade nova, em que ninguém sabia quem eu era, moraria sozinho! Fiquei pensando em tudo o que eu poderia experimentar e descobrir, inclusive sobre minha sexualidade.

Só que eu não fiz nada disso.

Nessa época, tirando os momentos de intimidade, quando o desejo sexual precisava ser liberado e a atração por homens dominava meus pensamentos, em todo o resto eu vivia como um heterossexual. Eu não me permitia sequer dialogar comigo mesmo sobre essas questões. Levar as dúvidas sobre a minha orientação sexual para fora dos pensamentos não era uma possibilidade. Talvez ainda nem houvesse a consciência de uma repressão. Por isso, mesmo morando sozinho e em uma cidade que ninguém me conhecia, eu não me senti livre para descobrir mais sobre minha sexualidade. Continuei usando a mesma máscara, ainda que estivesse menos pesada. Saía com garotas para reafirmar minha heterossexualidade. Mas, independentemente disso, estar naquela cidade maravilhosa já era incrível, e eu estava passando por um dos períodos mais felizes da minha vida.

Morar em uma cidade como Paris, em que cada rua é uma surpresa de beleza, arquitetura e história, é inacostumável. Lembro que fazia diariamente o meu trajeto para a faculdade de bicicleta — com exceção dos dias congelantes — e ficava impressionado com aquele cenário. Na frente do prédio histórico onde eu tinha minhas aulas ficava o Panteão de Paris, um monumento colossal, conhecido por abrigar o túmulo de grandes personalidades francesas — por isso que na sua fachada vemos a inscrição *Aux grands hommes la patrie reconnaissante* ("Aos grandes homens, a pátria é grata"). Dentre os grandes nomes ali enterrados, temos Alexandre Dumas, um dos principais escritores da literatura mundial.

Naquele momento, o hábito da leitura estava se desenvolvendo cada vez mais na minha rotina. Ainda não havia lido *O conde de Monte Cristo*, mas conhecia sua relevância e ficava emocionado de saber que eu estudava em um local que guardava tanta história. Hoje, depois de ter lido esse romance de mais de mil páginas, a admiração por Dumas é ainda maior, e consigo entender os motivos de sua fama perdurar mais de cem anos após sua morte. Para quem ainda não teve a oportunidade de conhecer a obra, em *O conde de Monte Cristo* acompanhamos uma narrativa construída a partir do desejo de vingança.

    O personagem principal é Edmond Dantès, um jovem simples, sem muitos recursos, que se apaixona por uma bela jovem, com quem pretende se casar. Sua vida, no entanto, é completamente abalada por uma traição. Dantès é vítima de um complô, e isso o leva para trás das grades de uma prisão isolada. É a partir desse cenário tão cruel que o protagonista, com a ajuda de um prisioneiro pouco convencional — e com ideias bem criativas —, começa a planejar sua fuga e sua vingança contra os responsáveis por aquela situação. A experiência da leitura, que para mim durou três meses, foi fascinante. Dumas criou um enredo que deixa o leitor curioso pelos próximos acontecimentos e impressionado com a criatividade do autor.

    Além de aproveitar a cidade encantadora em que passei a morar, estar na Europa me permitiu viajar por outros países. Após o término de uma exaustiva semana de provas, eu e alguns amigos combinamos de visitar a Itália. A ideia era passar alguns dias no litoral da Costa Amalfitana e depois ir para Milão. Era verão e as temperaturas altíssimas permitiriam dias de praia em uma das paisagens mais bonitas do mundo.

    No último dia de viagem pelo litoral, comecei a sentir um enjoo, que foi piorando ao longo do dia. Voltei para o hotel para fugir do calor, e meu amigo foi na farmácia comprar um remédio para mim. Estava certo de que era apenas um enjoo e que no dia seguinte estaria me sentindo bem para pegar o voo para Milão.

No meio da madrugada, no entanto, me senti pior e muito inquieto. Resolvi tomar mais um comprimido. Sem conseguir dormir direito, decidi arrumar a mala. Meu coração estava acelerado, como se uma ansiedade forte tivesse se apoderando do meu corpo. Não conseguia entender o que estava acontecendo e achei que poderia ser alguma reação ao sol e ao calor.

Organizei a mala bem rápido e falei para o meu amigo que estava me sentindo melhor — como se, ao dizer isso, aquela ansiedade pudesse desaparecer. No caminho para o aeroporto comecei a sentir um aperto no peito, um nível de ansiedade que até então eu não conhecia. Ainda confuso, deduzi que era sintoma do mal-estar no estômago e decidi tomar mais um comprimido, o terceiro em um curto período.

No check-in, já não era mais possível esconder o meu desespero e avisei para o meu amigo que algo estava errado. Ele pegou o voo para Milão sozinho, e eu decidi voltar para Paris. A essa altura, eu já tinha perdido o controle emocional e entrado num estado de ansiedade, melancolia e angústia profunda. Nunca havia sentido nada parecido.

Na viagem de volta à França, aquelas sensações foram piorando. Aquilo certamente era um ataque de pânico. Eu estava sozinho e não tinha qualquer remédio que me ajudasse a relaxar. Sabia que precisava respirar fundo para tentar me acalmar. Mas, naquele momento, essa técnica não estava ajudando. Comecei a ouvir músicas calmas, mas ficava olhando de dois em dois minutos para o relógio, esperando o voo de pouco mais de duas horas terminar.

No trem entre o aeroporto e meu apartamento, eu estava tão desesperado que não conseguia ficar sentado. Andava descontrolado de um lado para outro no vagão. O calor piorava tudo. Decidi parar em uma estação qualquer e chamar um táxi, para tentar chegar mais rápido. Andei pelas ruas, sob o calor e o sol, carregando uma mala grande. Devem ter sido minutos, mas pareceram horas. Quando encontrei um carro disponível, o ar-condicionado me acalmou um pouco. Naquele momento, intuí que o pânico era um resultado da ansiedade por causa do enjoo. Sem raciocinar direito, tomei mais um comprimido. Aquele já era o quarto.

Assim que coloquei os pés no apartamento, caí no choro. Tinha perdido o controle do meu corpo, não conseguia me concentrar em nada e sentia uma necessidade constante de me movimentar. Entrei no banho para tentar aliviar o calor e me acalmar, mas não consegui ficar nem um minuto debaixo do chuveiro. Não parava de chorar. Acho que naquele momento me dei conta de que havia algo muito errado comigo. O mais desesperador é que não via nenhum motivo que justificasse o que eu estava passando, aquele choro e aquela ansiedade tão fortes. Peguei o celular, ainda todo molhado do banho, e decidi ligar para a minha mãe. Na noite anterior eu já tinha falado com ela que estava enjoado, mas que achava que não era nada de mais. Agora eu precisava de ajuda.

Minha mãe atendeu e ficou preocupada com minha voz já nas primeiras palavras. Eu estava claramente descompensado. Ela começou a perguntar o que eu estava sentindo e eu não conseguia explicar direito. Angústia, ansiedade, choro, movimentos descontrolados. Quando expliquei qual remédio eu tinha tomado, ela desconfiou do que poderia estar acontecendo. Aquele mesmo medicamento, aparentemente inofensivo, para tratar sintomas de enjoo, já tinha sido responsável por efeitos colaterais semelhantes no meu avô e em um irmão do meu pai anos antes.

A substância podia causar uma reação chamada extrapiramidal, cujos principais sintomas são: agitação, aperto no peito, ansiedade, angústia, falta de ar e, em alguns casos, movimentos musculares involuntários. Cada vez que eu tomava um novo comprimido, achando que iria me ajudar, estava me intoxicando mais.

Depois descobri que esse tipo de situação é comum em prontos-socorros, onde esse medicamento é usado rotineiramente. À presença dos sintomas, a orientação é aplicar um antídoto capaz de controlar o efeito colateral em minutos. Em um país estranho, sem essas informações todas, simplesmente esperei meu corpo eliminar a substância, experimentando todas aquelas sensações sozinho, por muitas e muitas horas.

Em pouco tempo, o efeito do remédio era tão forte que eu já não conseguia me lembrar de como era me sentir bem. Para complicar ainda mais, nada parecia me tirar daquela situação. Isso foi a pior parte: a sensação de que nada poderia diminuir a angústia que estava sentindo. Como se eu estivesse no fundo do poço, sem motivo.

Meus pais ficaram muito preocupados comigo e minha mãe pegou o primeiro voo para Paris. Imaginei que eu acordaria melhor, porque o remédio teria saído do meu organismo, por isso me desesperei quando acordei com o coração disparado e com o mesmo aperto no peito. Mal consegui levantar da cama, e o medo de que esse pesadelo não fosse passar nunca quase me paralisou. Quando encontrei minha mãe no aeroporto, a gente se abraçou e chorei de perder o ar, tamanho o desamparo que sentia.

A caminho do meu apartamento, minha mãe ligou para o psiquiatra que me acompanhava, que pediu que eu voltasse a tomar o antidepressivo o quanto antes. A ideia era me reestabilizar. Mal eu sabia que esse processo demoraria meses. Os sintomas mais agudos diminuíram depois de dois dias, mas o episódio desencadeou crises de pânico e de ansiedade que me acompanharam por muito tempo.

Minha mãe ficou uma semana comigo. O nível de ansiedade era tão alto que eu acordava com dor de barriga e com o coração disparado. Acordar era a pior parte. Apertava forte a mão da minha mãe, como se eu estivesse sentindo uma dor física. Naquele período e nos meses que seguiram, minha mãe virou o meu principal porto seguro. Eu não confiava mais em mim. É como se eu tivesse transferido tudo para ela. Para mim, o maior medo era que minha mãe morresse, porque com ela eu também perderia o meu chão.

De todo modo, minha mãe voltou para o Brasil três dias antes do meu retorno definitivo. Tudo havia sido pensado: ela queria que eu tivesse autonomia e a consciência de que estava melhor, para que aquela experiência não me deixasse pensando que eu era incapaz de me virar sozinho.

Quando nos despedimos, fingi que estava tudo sob controle, até porque seriam apenas três dias. Até hoje lembro em detalhes de ver minha mãe entrando no carro. Assim que ela sumiu de vista, desabei no choro. A angústia não desaparecia, eu não tinha vontade de fazer nada e, tirando os poucos momentos em que conseguia me distrair com alguma coisa, aquela sensação me consumia.

À tarde, meus amigos — que não sabiam em detalhes o que estava acontecendo comigo — me chamaram para ir ao cinema. Eu não queria mostrar para os outros essa minha fragilidade. O filme era *Jurassic Park*. Durante a sessão, os pensamentos amedrontadores começaram a bagunçar a minha mente. Percebi que estava tendo uma crise de pânico e fui para o banheiro chorar. Liguei para a minha mãe, que conseguiu me acalmar e falou para eu tentar me distrair. Eu precisava de forças para ficar aqueles dias sozinho. Voltei para a sala, mas não prestei atenção em nenhuma cena do filme. Na verdade, não via a hora que aquela história de dinossauros terminasse. Até hoje sinto uma agonia quando vejo o filme passando na televisão.

Contei cada hora que faltou para meu retorno ao Brasil, mas ainda assim tinha medo de não conseguir levar uma vida normal, mesmo rodeado de pessoas que eu conhecia e para quem eu sempre tinha que me mostrar forte. O receio do julgamento dos outros voltaria. E eu não queria que ninguém soubesse o que eu tinha vivido.

Chegando em São Paulo, a angústia não melhorou. Isso me deixava com ainda mais medo, porque me imaginava vivendo com esse sentimento por tempo indeterminado. Comecei a ficar ansioso com a ideia de que eu precisaria voltar para a rotina, com um milhão de obrigações, me submeter às expectativas dos outros. Paris tinha sido um breve respiro. Agora toda a pressão voltaria, e com um agravante: eu estava totalmente desestabilizado e traumatizado.

Tinha medo de ter aquela crise novamente, mesmo sabendo que havia sido efeito do remédio, que eu nunca, jamais, em tempo algum tomaria de novo. Medo de a angústia não passar. Contudo, apesar da apreensão de não conseguir voltar à rotina, lidar com minhas obrigações, com o trabalho, voltar a sair, encontrar amigos, eu me pressionei a fazer isso o quanto antes. Por um lado, foi bom, porque talvez ter me isolado tivesse me feito acreditar que eu nunca seria capaz de recomeçar. Mas a primeira vez que saí com amigos foi muito desgastante. Em vez de estar empolgado, chorei no sofá de casa e no trajeto de carro.

Questões de saúde mental não se resolvem num estalar de dedos ou no primeiro comprimido. É um processo lento, com acompanhamento médico e psicológico. Sou grato, porque o apoio familiar também nunca me faltou. Mas, mesmo cercado por todos os cuidados, sofri muito e nunca quis compartilhar aquilo com ninguém mais além do meu círculo familiar, por medo dos julgamentos, que inclusive poderiam envolver minha sexualidade. Eu não queria expor minhas vulnerabilidades e não acreditava que os outros poderiam me ajudar.

Enquanto eu tentava me restabelecer para ter condições de voltar a trabalhar, o meu primeiro sobrinho nasceu. Passei tardes inteiras na casa da minha irmã, ajudando a cuidar do neném recém-nascido, e isso acalmou meu coração. Para ela também foi bom contar comigo. Naquele momento, cada um dava o que tinha. Ela me ajudou muito, e eu conheci um dos maiores amores que já pude sentir. O amor de tio.

Foram meses para conseguir encontrar uma medicação que conseguisse controlar as minhas crises, que passaram a acontecer de forma mais esporádica. Depois de alguns anos do retorno para o Brasil, elas ainda aconteciam por volta de três a quatro vezes ao ano. Mesmo após ter criado o meu perfil sobre livros nas redes sociais, eu ainda tinha crises de pânico e ansiedade. Era difícil lidar com a obrigação de produzir conteúdo diariamente, quando estava enfrentando alguma crise. Lembro que sorrir e falar naturalmente como se nada estivesse acontecendo me demandava uma energia tremenda. Quem estava do outro lado da tela não imaginava o que eu estava sentindo. Ao mesmo tempo, eu me sentia mal pelo receio de mostrar a minha fragilidade. Parecia que estava enganando quem me acompanhava, mas não tinha como eu me expor tanto assim, sobretudo quando eu ainda controlava muito o meu comportamento por medo de que questionassem minha sexualidade.

De tudo, ficou a lição sobre a importância de cuidarmos da nossa saúde mental e a capacidade de melhor entender o sofrimento de quem luta com essas e outras questões. Nessa época, busquei na literatura obras que analisassem essas emoções tão sofridas. Sentir que eu não estava sozinho era acalentador. Durante todo o período de tratamento, os livros foram grandes companheiros e uma importante ferramenta para a minha melhora. Eu jamais estaria sozinho se tivesse um livro nas mãos. A leitura também significa um momento de relaxamento, como uma meditação. Enquanto eu lia, conseguia focar na narrativa e esquecer um pouco os pensamentos que perturbavam a minha mente.

Em um primeiro momento, procurei leituras que pudessem me ajudar a superar medos — no caso, livros de não ficção ou autoajuda. Esses livros até traziam mensagens interessantes e eram uma companhia agradável, mas não preenchiam a lacuna que eu esperava. Decidi procurar na ficção o que eu achava que faltava.

Eu sabia que aqueles livros não ajudariam a aliviar sintomas e, por isso, não os lia durante as crises. O que eu procurava era uma identificação com o que eu tinha vivido. E encontrei. Ficava encantado com a habilidade dos autores de colocar em palavras experiências tão profundas, ao mesmo tempo que me sentia aliviado por perceber que, pelo menos nos livros, outros passavam pela mesma agonia que eu.

Publicado em 1963, *A redoma de vidro*, da Sylvia Plath, é um desses livros com muitas referências autobiográficas. Seu teor profundo faz com que o leitor entre no universo da protagonista. É uma leitura que incomoda e angustia. A obra narra a juventude de Esther e os acontecimentos que a levaram a ser internada em uma clínica psiquiátrica. Ao longo do desenvolvimento da gravíssima depressão que acomete a protagonista, o leitor acompanha seus pensamentos e angústias e reflete sobre temas delicados como o desejo de tirar a própria vida e o doloroso processo que é crescer. Esse é um livro que contém gatilhos de depressão e suicídio.

Na literatura japonesa, há um romance sensível e melancólico, com um recorte sobre a saúde mental. *Norwegian Wood*, de Haruki Murakami, trata do mundo real, diferentemente de outras obras do autor, ao narrar o romance inconstante entre os jovens Toru e Naoko. O solitário Toru sofre uma grande perda e precisa amadurecer enquanto enfrenta a geração conservadora dos pais e experimenta a dúvida pelo amor. Assim como no livro de Plath, as angústias da transição para a vida adulta são um tema que permeia a obra, refletindo sobre questões como morte, solidão e suicídio.

A autora francesa Muriel Barbery também aborda esse universo de temas em sua obra *A elegância do ouriço*. O livro conta a história da relação pouco provável entre Paloma, uma garota de doze anos, e a zeladora do prédio em que ela vive, uma senhora ranzinza e reservada. Diante das dificuldades de se entender com a família rica, Paloma

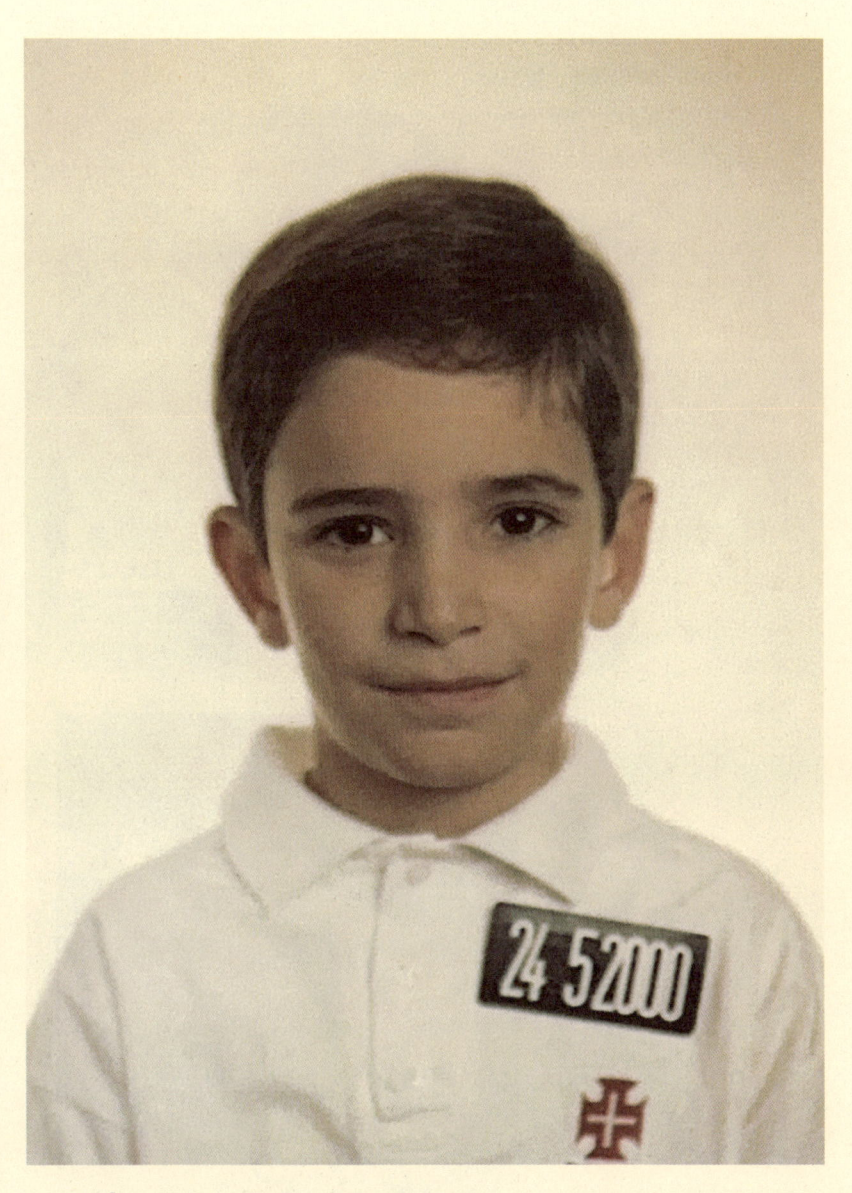

Aos 8 anos, vestindo o uniforme do Colégio Visconde de Porto Seguro, onde estudou dos 6 aos 18 anos.

Apaixonado por ciência e biologia desde a infância, Pedro improvisou sua carteirinha de cientista, brinde do jogo Alquimia, da Grow.

Aos 6 anos, com uniforme de futebol do São Paulo Futebol Clube, time de coração do pai.

Uma família na
Guerra

Pedro Otávio de Castro Boaventura Pacífico

Capa de Uma família na guerra, *segunda experiência de Pedro como escritor mirim.*

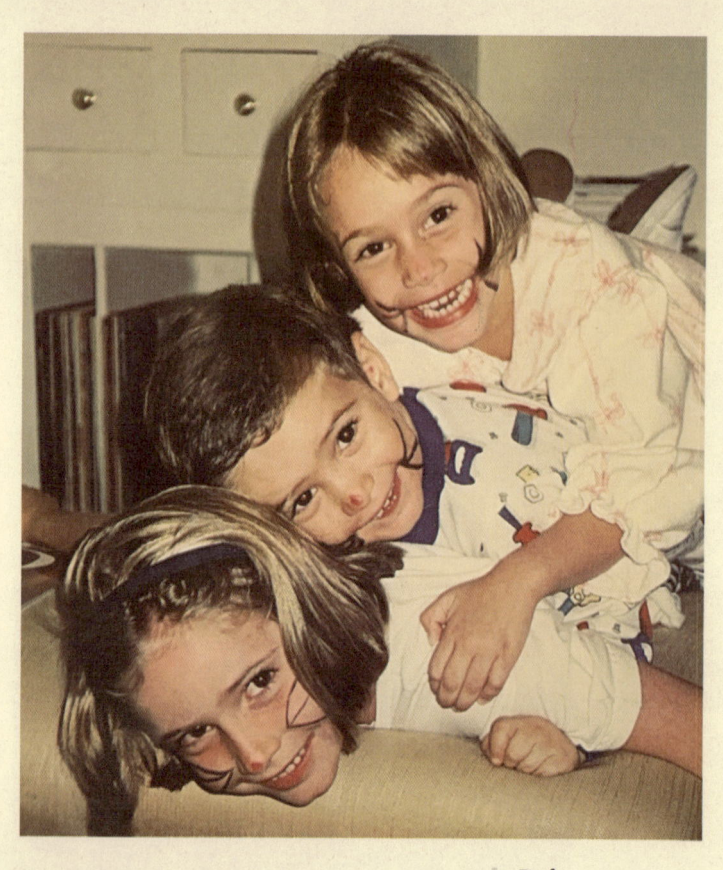

Pedro e suas irmãs, Amanda (acima) e Bruna.

Pedro e seus avós maternos, Paulo e Marília.

Com os avós paternos, Arnaldo e Lícia, e os primos Bianca e Daniel, em viagem ao Alasca.

Com os pais, Andréa e Luiz Otavio.

Viagem ao Egito com os pais, em 2018.

Com o pai em Ruanda, fevereiro de 2020.

Com a prima Juliana, que faleceu subitamente com menos de um ano de idade.

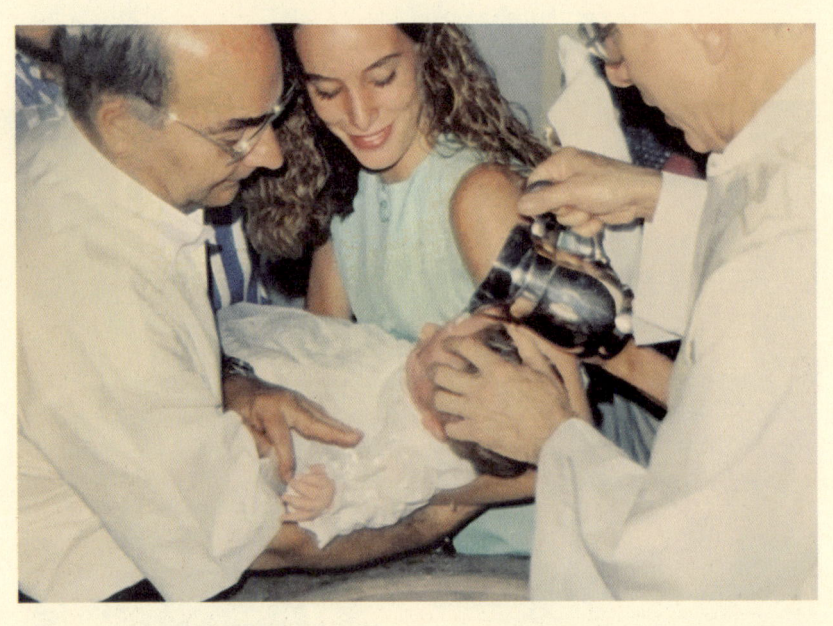

Em seu batizado, no colo do padrinho.

Primeira e segunda apresentações no TEDx, em abril de 2019 (acima) e novembro de 2022 (abaixo).

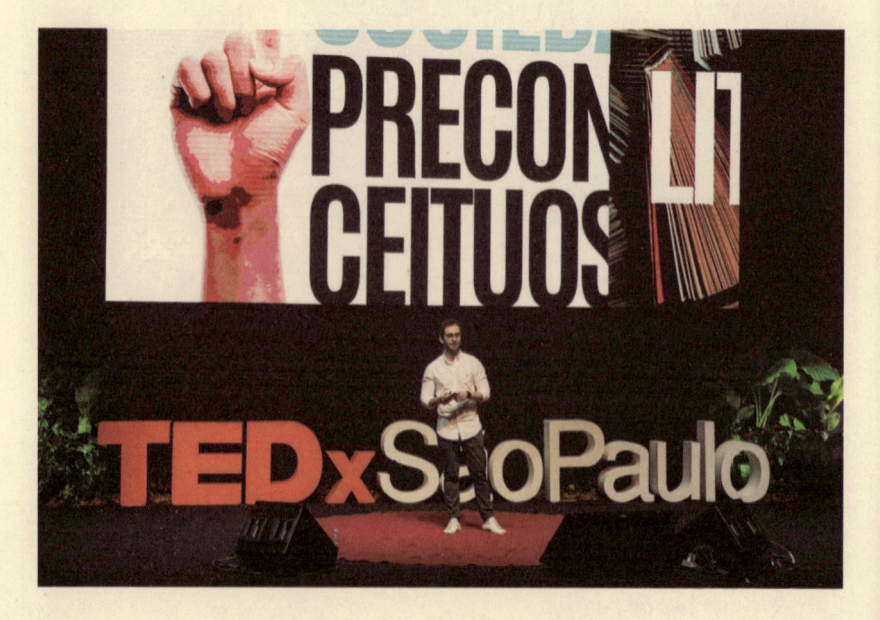

decide, em seu aniversário seguinte, tirar sua vida e incendiar o apartamento em que mora. Apesar da temática sensível, o humor e a ironia estão presentes desde o título; afinal, qual pode ser a elegância de um bicho cheio de espinhos, que se defende o tempo todo e não mostra o seu interior?

A juventude e os dilemas do amadurecimento frequentemente estão presentes em livros que abordam as dificuldades psicológicas de seus personagens. Marjane Satrapi resolveu contar sobre a depressão que enfrentou na juventude na célebre história em quadrinhos *Persépolis*. Nascida no Irã, Satrapi escreveu sua autobiografia em quadrinhos com a intenção de mostrar apenas para os amigos, mas a recepção foi tão positiva que o livro ganhou o mundo. Hoje é um livro conhecido por mostrar uma história de opressão religiosa, choques de cultura e saúde mental.

Ou seja, se antes eu achava que ninguém iria entender aquele aperto que eu sentia no peito, ler e me deparar com personagens que descreviam as mesmas dores e angústias me fez perceber que eu não era o único — e, nesse caso, não ser único é no mínimo tranquilizador. Também ficou claro para mim que livros que tratam de temas universais da condição humana não envelhecem, porque, mesmo que se passem muitos anos de sua publicação, as sensações são as mesmas, ainda que causadas por diferentes elementos e em diferentes intensidades.

4
A surpresa do não planejado

SE ALGUÉM ME CONTASSE que no futuro eu trabalharia com internet para falar de livros, eu diria que aquela pessoa estava fazendo alguma confusão. Mas às vezes parece que a vida prepara surpresas para quem tem um desejo, mas também muito medo de tentar algo novo. E aqui estou, vivendo uma vida quase dupla, em que divido meus dias entre a dedicação ao trabalho de advogado e à produção de conteúdo para as redes sociais, com o objetivo de mostrar que ler é um hábito delicioso e capaz de nos transformar.

Então, como isso começou?

Na época de escola e de faculdade, talvez eu lesse mais do que os meus amigos, mas ainda assim não podia ser considerado um leitor assíduo. Eu não sabia o que ler, pedia dicas para minhas avós e outros poucos leitores que conhecia ou pinçava livros da lista de mais vendidos dos jornais. Hoje acho que a falta desse assunto nos veículos e mídias dificulta a escolha das próximas leituras, podendo contribuir para a pouca quantidade de leitores no nosso país.

Para as antigas gerações, além de recomendações de amigos que também gostam de ler, as tradicionais resenhas e críticas literárias em grandes jornais e revistas, bem como as dicas da afetuosa figura do livreiro, funcionavam como guias para a escolha de novos livros.

As resenhas publicadas nos veículos de comunicação e nas revistas literárias continuam existindo e desempenham uma importante função para o mercado editorial e para os literatos, leitores "experientes", muito envolvidos com o mundo dos livros. Diante da complexidade de alguns desses textos, porém, quem está tentando despertar o gosto pela leitura pode se sentir inibido e ser levado a acreditar em pensamentos como "literatura é muito difícil, não é para mim". Além disso, tenho a impressão de que, desde a minha geração, as pessoas vêm perdendo o hábito de ler jornais e revistas, sobretudo artigos longos — talvez um reflexo do imediatismo das redes sociais. Essa dificuldade de manter a atenção em textos mais longos é um fenômeno cada vez mais identificado nos leitores, tendo sido denominado "impaciência cognitiva" pelo professor e autor norte-americano Mark Edmundson.

Na jornada do leitor iniciante, a figura do livreiro é muito importante. Infelizmente, nas grandes livrarias de rede, essa figura mítica do livreiro que recomenda obras maravilhosas, independentemente do gosto e do estilo do cliente, é incompatível com a operação. Ao mesmo tempo, as livrarias de bairro, menores, com aqueles funcionários apaixonados, têm sumido. No meio dessa disputa que se dá no mercado literário, sinto falta de poder entrar numa livraria e puxar papo com uma pessoa que conhece livros, alguém que torna a experiência mais pessoal. Entrar naquele espaço repleto de títulos desconhecidos, sem saber qual deles vai sair nas suas mãos, e receber dicas de uma pessoa que você conhece e confia, porque frequenta aquele lugar, é bom demais. Eu poderia passar horas conversando com um livreiro sobre nosso interesse em comum e tenho o privilégio de morar em uma cidade que ainda conserva algumas opções de livrarias à moda antiga.

No entanto, a realidade da maioria não é essa. Hoje, grande parte das pessoas se sente perdida — até mesmo intimidada — ao escolher um livro em uma livraria. O jeito mais fácil acaba sendo dar uma olhada na mesa dos mais vendidos, que fica logo em destaque, já atraindo a atenção do cliente que entra na loja.

Foi nesse cenário de desconhecimento e intimidação ao entrar em livrarias que acabei descobrindo uma nova — pelo menos para mim — fonte de boas indicações. Por volta de 2015, por culpa do acaso ou do algoritmo, esbarrei em perfis que falavam sobre livros. Não lembro quais foram os primeiros que encontrei, mas acabei saltando de um para outro e notei que existia um universo de pessoas que comentavam sobre livros nas redes sociais. Eram muitas páginas, e em cada uma delas o responsável pelo perfil indicava livros de acordo com seus gostos: infantojuvenis, histórias de terror, romances de época. Rolei muito a tela até encontrar páginas que abordassem uma literatura adulta e diversa, como eu buscava. Na prática, não eram nem simples perfis. Post a post me dei conta de que eu tinha encontrado criadores de conteúdo muito enriquecedores e que conseguiam impactar a vida de outros leitores. Eram pessoas apaixonadas pela leitura, assim como eu. Pensei: *Não estou sozinho no meu interesse*. Depois de ter crescido em um ambiente em que os livros não eram muito presentes, vi na internet a possibilidade de me inserir em uma extensa rede de leitores.

Além das indicações propriamente, esses perfis estavam me ajudando a desconstruir muitas ideias equivocadas que eu tinha. Eu achava, por exemplo, que não seria capaz de ler literatura russa, aquele "nível de intelectualidade" não estava ao meu alcance. Eu nem sabia diferenciar Dostoiévski e Tolstói! Na minha cabeça, eram dois autores russos com nomes difíceis, que tinham morrido havia muitos anos e escreviam sobre coisas antigas que eu dificilmente iria gostar ou, até mesmo, compreender.

Quem cresceu no mundo dos livros pode achar uma dúvida como essa algo digno de piada. Mas a realidade é que quem está fora dessa pequena bolha sabe pouco sobre literatura. E fui me sentindo mais seguro para ler obras diferentes quando passei a entender que muitas das minhas ideias não passavam de preconceitos literários e que a literatura era para quem quisesse. Quando eu percebi que os livros não são bens sagrados, inalcançáveis e restritos apenas a uma parcela da sociedade, acendeu em mim a vontade de levar essa descoberta para outras pessoas e compartilhar os meus aprendizados.

Ao ler os livros indicados por criadores de conteúdo das redes sociais, me chamou a atenção que a maior parte era de obras que eu não conhecia e que não figuravam nas listas de mais vendidos. Nessa mesma época, já com a cabeça mais aberta, recebi duas recomendações de um livreiro. Nunca tinha ouvido falar daqueles livros. Mas resolvi confiar nele. Saí com *A máquina de fazer espanhóis*, do Valter Hugo Mãe, e *Jesus Cristo bebia cerveja*, do Afonso Cruz. Dois autores portugueses, era apenas isso que eu sabia.

Comecei por Afonso Cruz, porque a sinopse tinha me chamado mais a atenção: Rosa, a protagonista, mora em uma vila do Alentejo, interior de Portugal, e vive para cuidar da avó, Antónia. Sua mãe abandonou a família e o pai, deprimido, "pegou uma corda e pendurou-se numa figueira. Foi o mais estranho fruto daquela árvore". Um dia, Rosa descobre o sonho da avó — conhecer Jerusalém, a Terra Santa —, mas as difíceis condições de vida somadas à idade avançada de Antónia transformam esse sonho em algo impossível. O professor Borja se apaixona pela garota e não consegue aguentar a tristeza que a acomete por não poder realizar o desejo da avó. Assim, sugere transformar a aldeia em que vivem na própria Jerusalém, como em um cenário de teatro. Borja "acha que todas as geografias se sobrepõem. O sagrado está em todo o lado. Não tanto pelo valor intrínseco, mas pelo valor que lhe damos. Se uma aldeia, o Alentejo, pode ser Jerusalém, é porque é Jerusalém".

Terminei o livro sem saber ao certo o que tinha achado. A escrita me agradou (o que explica as passagens da obra que não resisti a citar aqui), os personagens são muito bem construídos e todos, cada um a seu modo, ajudam Rosa na sua missão. Hoje vejo que não foi uma leitura que amei, mas consigo entender um propósito: a narrativa diferente, experimental, me tirou da zona de conforto — e eu gostei dessa sensação.

A edição do livro de Valter Hugo Mãe era muito bonita, uma capa melancólica da saudosa editora Cosac Naify, que publicava edições maravilhosas. Foi engraçado porque achei o próprio nome do autor diferente: quem escolhe como sobrenome aquela que se desdobra por nós? Hoje sei que foi uma homenagem feita em vida por ele à mãe.

Superada a curiosidade com o nome, fui impactado logo nas primeiras linhas: eram só letras minúsculas, uma pontuação diferente, sem o uso de travessões. O estranhamento trouxe o medo de não conseguir ler e confesso que quase desisti, mas me lembrei do entusiasmo do livreiro — sua paixão ao falar da história me fez seguir na leitura.

Aos poucos me familiarizei com o estilo e, antes de chegar na metade do livro, já estava impressionado com a escrita de Mãe e com a poesia de suas frases. Era como se cada palavra tivesse sido pensada para estar naquela parte da narrativa. Ao ler o que pensava um homem que vive em um lar de idosos, mergulhei nas emoções daquele senhor ranzinza, partilhando com ele a solidão, os anseios, a impaciência e as angústias trazidas pelo acúmulo dos anos. Fiquei impressionado com a forma como Mãe conseguiu construir aquela pessoa — sim, pessoa, porque era mais que um personagem. O autor faz de forma muito sensível — e com certo toque de humor — um verdadeiro ensaio sobre a velhice. Arrisco dizer que esse é um dos meus livros favoritos! A escrita de Valter Hugo Mãe é sempre brilhante, extremamente poética.

Fiquei tão encantado com a leitura que resolvi devolver o favor e, depois de receber muitas indicações, recomendei esse livro a minha avó. Não deu muito certo. Duas semanas depois, ela me ligou para reclamar que o livro era angustiante e pediu que eu não lhe sugerisse nenhum outro desse estilo. Mesmo sendo uma leitora voraz, ela não conseguiu terminá-lo. Talvez a temática sobre o fim da vida tivesse sido um gatilho. Foi aí que comecei a entender que cada livro impacta o leitor de forma diferente. Não existe pior ou melhor livro, mas o livro que, naquele momento, faz mais sentido para quem está lendo.

Com *A máquina de fazer espanhóis* percebi que a escrita pode ser tão importante quanto o enredo. Comecei a prestar atenção em outros elementos, como a própria linguagem, a escolha das palavras, a construção dos personagens... Valter Hugo Mãe, até então um completo desconhecido, serviu como estímulo. Se eu ignorava a existência desse autor e tinha gostado tanto, devia haver outras autoras e autores fascinantes que não apareciam nas listas de mais vendidos.

Daí em diante, vieram muitas boas surpresas. Eu não só perdi o medo de ler livros dos quais eu nunca tinha ouvido falar, que não estavam sendo lidos por todo mundo, como também cresceu em mim a vontade de me aventurar em universos que ainda não conhecia. Li *Hibisco roxo*, da Chimamanda Ngozi Adichie, autora nigeriana que havia ficado famosa mundo afora quando, em 2014, apresentou um TED Talks denominado "The danger of a single story" ("O perigo de uma história única"). No livro, Chimamanda conta a história de uma família que parece perfeita — pai bem-sucedido, filhos educados e esposa que cumpre a função de dona de casa —, porém a realidade não é o que aparenta. Aos poucos, o leitor vai compreendendo os efeitos brutais do fanatismo e da intolerância religiosa, tudo sob uma perspectiva ainda mais delicada: a das crianças. Kambili, a personagem principal, é vítima de Eugene, seu pai que usa da violência para fazer prevalecer suas ideias. E, na verdade, ele mesmo não deixa de ser uma vítima do colonialismo que por anos impôs as tradições europeias, enquanto violentamente eliminava as culturas dos povos da região. Esse foi o meu primeiro contato com a literatura dos países do continente africano. Depois disso, li dezenas de obras maravilhosas escritas por autores dos mais diferentes países da África, cada um com suas particularidades, que fazem desse continente uma gigantesca e rica terra de diversidade.

Dentre eles, não posso deixar de indicar *As alegrias da maternidade*, escrito por Buchi Emecheta, outra autora nigeriana por quem passei a ter muita admiração. E, nesse caso, não se iluda com o título: não se trata de um livro de alegrias. A protagonista, Nnu Ego, é enviada ainda jovem do interior do país, onde vivia, para a capital nigeriana, com o objetivo de se casar com um homem desconhecido por ela. Além de narrar as dificuldades de Nnu Ego em sua relação e na criação de filhos em situações tão precárias, o livro também relata o choque cultural da vida nas grandes cidades, que sofrem forte influência dos colonizadores. Publicado em 1979, o romance com toques autobiográficos ainda trata de temas atuais com inegável relevância social.

Paulina Chiziane foi a primeira mulher moçambicana a publicar um romance, apenas em 1990. *Niketche: uma história de poligamia* foi uma leitura muito marcante. Quando Rami descobre que seu marido, Tony, tem amantes, ela se une a essas outras mulheres que disputam migalhas de afeto daquele homem para criar um relacionamento poligâmico. É um romance que aborda o papel da mulher em sociedades tradicionais e seu sofrimento solitário, com um cenário histórico e social extremamente interessante.

Além disso, mergulhei nos clássicos, que, no meu imaginário, eram livros amarelados e empoeirados — a rinite me atacava só de pensar. Antes, eu achava que não eram para mim, porque eram muito difíceis de ler, mas quando percebi que eles tinham muito a nos ensinar isso começou a mudar.

Decidi então enfrentar a — antes tão temida por mim — literatura russa. O escolhido foi *Pais e filhos*, que não é nem do Dostoiévski nem do Tolstói, aqueles autores que eu só sabia o nome, mas de um autor que àquela época nem o nome eu tinha ouvido falar: Ivan Turguêniev. Por meio da história do jovem Arkádi Nikolaitch, que, depois de um tempo estudando na cidade, decide voltar ao interior, para a propriedade em que seu pai e seu tio vivem, o livro narra os contrastes entre gerações e ambienta o século XIX de uma forma fantástica. Nessa visita, Arkádi leva um amigo, Bazárov, um dos personagens mais marcantes da obra. Turguêniev retrata um choque entre ideologias por meio de diálogos extremamente inteligentes e sarcásticos. Achei interessante o fato de o autor tecer críticas aos pensamentos de ambas as gerações. Ou seja, o próprio leitor não consegue tirar uma conclusão do que Turguêniev entendia como correto. A leitura ficou marcada na minha memória como uma das melhores até então. Talvez a satisfação de ter conseguido ler aquela obra sem dificuldades tenha tornado a experiência ainda mais marcante. Virei um grande fã de autores e autoras russos, e, quando alguém me pergunta se é difícil, logo respondo: "Pode ir tranquilo que estão todos traduzidos para o português."

Foi pela vontade de me aventurar pelos clássicos que também conheci uma das personagens mais marcantes: Macabéa. Em *A hora da estrela*, um dos maiores nomes da nossa literatura, Clarice Lispector, nos presenteia com uma narrativa que transborda humanidade. A protagonista é uma jovem órfã e muito pobre que se muda para uma cidade grande em busca de melhores oportunidades. Em um enredo simples, a surpresa está na construção da personagem. Macabéa comove por sua pureza e ingenuidade, é uma cidadã comum, que merece ser percebida. "O que escrevo é mais do que invenção, é minha obrigação contar sobre essa moça entre milhares delas. E dever meu, nem que seja de pouca arte, o de revelar-lhe a vida. Porque há o direito ao grito. Então eu grito."

No período em que todas as barreiras que eu havia criado em relação à minha sexualidade estavam sendo derrubadas, comecei a ler um livro que pode até surpreender, já que não tem qualquer relação direta com o assunto. Publicado em 1818, a obra pioneira na literatura de horror e ficção científica já ganhou diversas adaptações audiovisuais. Então, se você nunca leu *Frankenstein*, peço que esqueça tudo o que vem à sua mente. O livro é muito diferente do que qualquer uma das adaptações já apresentou sobre a obra. A começar pelo título: diferentemente do que muitas pessoas acreditam, Frankenstein não é o nome da criatura, mas do cientista que a criou.

Mary Shelley, a autora, construiu essa narrativa profunda e instigante sobre os "monstros" que habitam os seres humanos com apenas dezenove anos. E nesse ponto está a relação com o que eu enfrentava à época: estava lidando com um monstro que havia alimentado dentro de mim por anos. Na história, um médico ambicioso — Dr. Frankenstein — consegue um feito inédito: dar vida a uma criatura. Ele imediatamente se arrepende e o horror ao que fez o leva a abandonar sua criação. As consequências dessa rejeição, contudo, serão sentidas pelo médico. A autora nos faz questionar o conceito de certo e errado, já que na obra esses conceitos se misturam e se confundem. Teria a criatura sentimentos? Até hoje lembro quão impactante foi acompanhar, da perspectiva da própria criatura, os conflitos e as descobertas de um ser recém-criado que se depara com uma sociedade julgadora, que se deixa levar pelas aparências.

E de uma pessoa que não sabia onde procurar boas dicas de leitura, passei a ter outro problema: a vontade constante de comprar livros. Muitos livros. Na estante que circundava minha cama havia os livros que eu tinha colecionado ao longo da vida e muitos objetos de decoração: globo terrestre, um modelo de Kombi estilizada, uma miniatura de máquina de escrever... Com o tempo, esses enfeites foram para o armário e cederam lugar aos livros. No fim, a televisão saiu do quarto para abrir espaço para mais prateleiras. A mudança que estava ocorrendo em mim passou a ser visível no local em que eu mais ficava.

Toda essa transformação na minha relação com os livros aconteceu nos últimos anos da faculdade. O curioso é que, embora a falta de tempo seja a principal justificativa para a ausência do hábito de leitura na vida das pessoas, eu passei a ler mais justamente em uma época em que estagiava, terminava a faculdade, estudava para a prova da OAB e fazia o trabalho de conclusão de curso. Era um momento de grandes conquistas, que compartilhei com família, amigos e minha namorada.

Pois é. Minha namorada.

No final de 2015, havia conhecido uma menina. A gente se dava bem e ela me ajudou bastante sem nem mesmo perceber. O namoro me dava tranquilidade e segurança. Não foi o meu primeiro relacionamento com uma mulher, mas foi o mais importante e duradouro. Pode parecer estranho que eu fale tanto sobre a minha sexualidade por aqui e aos 25 anos eu estivesse namorando uma menina. Mas, para a minha trajetória, essa era a realidade esperada. E foi um relacionamento muito bom para mim, com muito afeto e aprendizado.

Passados tantos desafios e pronto para atuar como advogado, eu estava vivendo uma fase tranquila, sobretudo considerando os anos anteriores. Com o uso de remédios, as crises ficaram menos frequentes e eu me sentia mais equilibrado. Estava encaixado na vida que a sociedade havia planejado para um jovem adulto de classe média alta de São Paulo. E de fato eu estava feliz: trabalhava onde queria, tinha uma namorada, amigos e uma família amorosa.

O problema é que, se achava que tinha enterrado em meus pensamentos a dúvida sobre quem eu realmente era, eu estava errado. A gente não consegue esconder de nós mesmos quem somos, e, por isso, a fragilidade ressurgia em forma de crises de ansiedade. Eu contava com a ajuda de calmantes para controlar esses momentos de pânico e para evitar novas crises, na tentativa de manter a imagem desse jovem adulto que se encaixava nos padrões. Além do meu médico e da terapeuta, só os meus pais sabiam a quantidade de remédios que eu tomava e o número de crises que ainda tinha.

As crises eram desencadeadas por motivos diferentes: uma ressaca mais forte, um período estressante, algum sintoma físico ou até uma viagem dos meus pais. Qualquer situação em que eu me sentisse vulnerável ou sem o domínio do meu corpo era um possível gatilho. Quando isso acontecia, eu acordava sentindo uma angústia maior que o comum. Era até difícil me levantar da cama, já que o medo tomava conta do corpo. Descia para o quarto dos meus pais e normalmente era com minha mãe que eu deparava. Pelo meu olhar ela percebia o que estava acontecendo. Bastava eu falar para ela: "Não estou bem." Ela logo entendia. Eu chorava sem parar, sentia um desamparo total, como se o chão saísse de baixo dos meus pés. Precisava de colo, de abraço. Era uma sensação de que não daria conta das obrigações do dia. Hoje sei que não era apenas receio de não conseguir trabalhar ou estudar: tinha medo de não ser capaz de controlar minhas ações e comportamentos.

Um pouco mais calmo, eu tomava banho, vestia camisa, terno e gravata, comia alguma coisa, mesmo sem fome, com aquele nó no peito, e ia para o trabalho. Algumas vezes, mal saía de casa e logo começava a chorar. Meu maior medo era sentir aquela angústia profunda que vivenciei em Paris. Chegava no escritório, enxugava o rosto, esperava a minha fisionomia ficar minimamente aceitável e começava um novo dia de um jovem bem-sucedido e feliz.

Nessa época, os livros foram grandes companheiros. E, embora seguisse vários perfis literários nas redes sociais, ainda não tinha com quem conversar sobre minhas leituras. Eu era um consumidor do conteúdo, sem ter com quem compartilhar as descobertas que vinha fazendo. Então surgiu em mim a vontade de criar meu próprio perfil literário para dividir as minhas experiências, discutir sobre as leituras e mostrar que, se eu estava lendo tanta coisa que nunca tinha imaginado, todos podiam. Só que ter um perfil literário significava me expor e sair do padrão no qual havia ferozmente buscado me enquadrar.

Hoje sei que um perfil sobre livros nas redes sociais não necessariamente despertaria dúvidas sobre minha sexualidade. Mas acho que quem omite e reprime sua personalidade por tantos anos sofre de algum tipo de mania de perseguição. A sensação é que estamos sendo monitorados e que qualquer gesto ou comentário diferente possa suscitar algum comentário malicioso. Lembro que prestava atenção na reação das pessoas quando eu percebia que tinha me arriscado mais, na tentativa de captar algum olhar diferente de reprovação ou desconfiança. Em círculos de conversa com muita gente, o desconforto era ainda maior, já que ficava muito difícil de controlar a reação de todos. Eu pensava que qualquer coisa inusitada que eu fizesse seria motivo para questionarem a minha sexualidade. Me expor nas redes sociais, como um influenciador para falar de livros, parecia arriscado. Além disso, receava o que as pessoas do meu convívio profissional poderiam achar. O universo do Direito é muito formal e conservador. O que pensar de um advogado influenciador?

Faltava coragem de levar a ideia adiante. Cheguei a comentar certa vez com minha namorada sobre a criação do perfil literário, como se fosse uma ideia que tivesse surgido na minha cabeça naquela hora. Falei em tom de brincadeira, para sentir a reação dela. Acho que precisava de alguém que falasse que estava tudo bem, como se aprovando a minha vontade. E, para minha sorte, eu tive o que esperava. No dia seguinte, estávamos no sofá e eu voltei ao tema: "Então, vou criar, tá?" Bem leve, simples, como quem pede uma pizza.

Ficamos pensando em opções de nomes em português, mas os nomes de que eu gostava já estavam sendo usados. Comecei a fazer variações com a palavra *book*. Uma delas soou bem: Bookster. Pesquisando, descobri que o sufixo "ster" em inglês significa alguém que pertence a um grupo, como hipster pertence ao grupo dos hippies e *gangster* pertence a uma *gang*. Um bookster, então, seria aquele que pertence ao grupo dos livros. Nada mais adequado! Já existia um usuário desativado com o mesmo nome, então botei o ponto no meio: @book.ster. Pegamos uma imagem de uns livros com um café em cima e na descrição do perfil escrevi de improviso: Advogado de São Paulo e apaixonado por livros. Não coloquei o meu nome. Falei para a minha namorada que seria um segredo nosso. Se de início eu tivesse que expor nome e rosto, acho que nem sequer teria começado.

Para uma pessoa que passou a vida inteira buscando validação, ter um perfil anônimo foi libertador. Aquele era um espaço em que eu não sentia necessidade de aprovação. Quase ninguém sabia quem eu era, não tinha que dar satisfação. E para ter certeza sobre o meu segredo, bloqueei todos os meus conhecidos: família, amigos, colegas de trabalho. Ninguém conseguiria encontrar o meu perfil por acaso. Eu tinha medo (mesmo que meio irracional) de como as pessoas iriam julgar essa iniciativa.

Comecei a tirar fotos de livros que eu lia e postar resenhas. A ideia não era escrever críticas literárias, ensaios; apenas compartilhar impressões, na tentativa de despertar o interesse em algum leitor. Fui usando hashtags, seguindo e interagindo com perfis que eu admirava, convidando para conhecerem a minha página — um trabalho de formiguinha. Assim ia ganhando seguidores. Um deles gostava e marcava um amigo. Se um seguidor curtia alguma dica, eu sugeria outro título que ele poderia gostar. Ver surgir uma rede de pessoas com a mesma paixão me deixou muito animado. Em dois meses, já havia mais de mil leitores me acompanhando. Eu estava muito contente! Passei também a interagir com alguns daqueles perfis que me incentivaram a descobrir novas leituras. Contei que, influenciado por eles, tinha criado meu próprio perfil, e muitos deles me ajudaram na divulgação.

E, nesse ritmo de interagir com quem me seguia e trocar mensagens diretas, as pessoas começaram a perguntar quem era o Bookster e queriam um rosto por trás das indicações. Em uma noite qualquer, abri uma caixinha de perguntas e saí para jantar com a minha namorada. Algumas doses depois, acabei postando meu rosto nos stories. Foi uma foto espontânea, ali mesmo, no ambiente escuro do restaurante. Como não tinha nenhum seguidor que fosse meu amigo ou da minha família, me senti seguro. As reações foram legais e eu não tinha sido desvendado.

Na semana seguinte, estava no trabalho quando recebi no grupo de WhatsApp dos meus amigos da escola um print do @book.ster, com o seguinte comentário: "Pedro, o que é isso? Explique-se." Na hora, gelei. O perfil já tinha quase 8 mil seguidores. Será que haveria julgamentos? E como tinham ficado sabendo?

Sabe aquela história de um amigo de um amigo meu? Foi bem isso que aconteceu: um amigo de um amigo tinha me reconhecido. Por conta do acaso, ou do algoritmo, o perfil um dia apareceu para ele, ele seguiu e, em um desses meus stories, me reconheceu. Em uma festa, esse seguidor comentou com um amigo (que vinha a ser meu amigo também) que estava "adorando o perfil de livros do Pedro". Meu amigo a princípio não acreditou, achou que fosse outro Pedro. Mas a pessoa garantiu que era eu. Abriu o Instagram, leu a descrição do perfil e mostrou fotos da estante do meu quarto. Incrédulo, restou ao meu amigo fazer uma busca para confirmar, só que ele não conseguia encontrar o perfil. Ele estava bloqueado.

Quando o print da minha foto apareceu no grupo, todos foram logo querendo achar o perfil. Só que todos estavam bloqueados. Depois que expliquei a situação, a reação foi uma só: "Como você não contou isso antes?! Que ideia legal!" O medo dos julgamentos me impediu de ver que elas poderiam gostar e que as pessoas não ficavam vigiando todos os meus atos para descobrir se eu era gay ou não.

Meus pais também já estavam desconfiados de que havia alguma coisa estranha. Além de comprar muitos livros, comecei a receber caixas das editoras: os famosos recebidos. Aproveitei o embalo da revelação para meus amigos e contei a novidade — que de nova já não tinha nada — para meus pais. Na hora, eles nem acreditaram que aquela página era minha, ainda mais quando viram que tinha alguns milhares de seguidores. Passada a frustração inicial por eu não ter confiado neles, ficaram muito orgulhosos, como bons pais corujas que são. Isso me deu coragem para, no meu tempo, sair do anonimato e revelar meu nome. Todos questionavam: "Poxa, por que o segredo?" Eu tinha a resposta, mas não podia dar: era o medo de despertar desconfianças.

Resolvi então profissionalizar o perfil, contratar uma agência, criar uma logo e aparecer mais. Os números aumentavam. Um dia, uma influenciadora de fora do mundo literário, que tinha milhares de seguidores, leu um livro que eu tinha indicado e me marcou. Muitas pessoas novas começaram a me seguir e atingi a marca de vinte mil seguidores. Nesse dia, eu estava no escritório, e a advogada com quem eu dividia sala, que também era muito minha amiga desde a época da faculdade, acompanhou a repercussão e perguntou: "Pedro, esse negócio está ficando sério. Você quer mesmo continuar? Pensa bem, porque seu ritmo de trabalho no escritório é insano, sua vida é corrida e você não tem tempo para nada..."

Na hora bateu um nervoso, mas a resposta era sim. Realmente, o perfil estava crescendo e, com isso, novas responsabilidades surgiam, principalmente em relação ao conteúdo que eu produzia. A vida estava mudando por conta dos livros. Com o crescimento do @book.ster, as editoras me enviavam lançamentos, sugeriam leituras e propunham parcerias comerciais. Caiu a ficha de que pessoas de fato estavam levando minha opinião em conta na hora de escolher um livro. Os leitores se identificavam e confiavam nas minhas indicações, o que alimentava um vínculo entre os dois lados da tela. Para o bem e para o mal.

Certa vez, postei uma resenha contendo breves comentários sobre algumas partes de um livro que, na minha opinião, poderiam ser mais aprofundadas. A autora leu o que escrevi e ficou indignada. "O que você escreve pode me prejudicar." Não era minha intenção depreciar o trabalho dela. Pelo contrário, tinha feito inúmeros elogios, mas também mencionei alguns pontos que me desagradaram. Pelo visto, teria que aprender a lidar com esse tipo de situação.

E o número de seguidores só crescia. Aquele espaço que nasceu sem pretensão passou a ser um perfil atrativo para parcerias com marcas. Era tudo novo para mim. De fato, não tinha criado o @book.ster com esse objetivo. Nessa mesma época, fui convidado a participar de uma mesa sobre produtores de conteúdo da internet em que falei que era um hobby. Levei logo um puxão de orelha de uma amiga que também produzia conteúdos literários: "O @book.ster é, sim, um trabalho, e isso não é algo negativo." É... Eu precisava valorizar o trabalho que eu e outros colegas estávamos fazendo.

Reconhecer o @book.ster como uma profissão foi um passo importante, mesmo porque àquela altura eu tinha inclusive parcerias com grandes marcas. Mas como levar duas profissões, sobretudo quando ambas são bem diferentes? Dá para ser advogado e influenciador digital? No começo, essa ideia me assustava e eu tentava ao máximo separar as duas. Em parte do dia, eu tinha uma profissão formal e tradicional, e em outra trabalhava como influenciador, algo muito recente, tecnológico e com uma rotina flexível.

Nas redes sociais, me chamavam de Bookster, o que soava até um personagem. No escritório, eu era o Pedro. Certo dia, conversando com um juiz sobre um processo, o assistente me reconheceu e gritou "Bookster!". Eu travei, mas consegui responder, em tom de brincadeira: "Oi, tudo bem? Hoje quem está aqui é o Pedro, advogado." Meu rosto todo vermelho. Só que não apenas o assessor era meu seguidor, como o juiz também. Foi um momento singelo, mas me fez perceber que estava tudo misturado, não havia motivo para eu ser tão rígido na hora de separar um papel do outro. Era tudo eu. Eu era um advogado e um influenciador literário. E não só isso. O meu trabalho com as redes sociais vinha me libertando de várias amarras, inclusive na forma como as pessoas me enxergavam.

Sozinho em casa fazendo um vídeo, não tenho noção exata de quem está do outro lado. Na verdade, me imaginava falando apenas com as paredes. Até um dia, no shopping, em que notei que uma pessoa se aproximava de mim e me olhava fixamente. Fiquei me perguntando de onde a conhecia. Até ouvir uma palavra dita com entusiasmo: "Bookster!"

Eu não sabia como reagir; não esperava viver aquela situação. "Nossa, acho muito legal o seu trabalho, que bom te encontrar! Podemos tirar uma foto?" Agradeci, tirei a foto e, sem graça, fugi daquela situação inesperada o mais depressa possível. Minha irmã começou a rir e falou que a minha timidez me fez parecer antipático. Certamente não era minha intenção! Desde então, trabalhei na minha timidez e, nessas abordagens, conheci pessoas queridas e com as mais diferentes histórias.

Em determinado momento dessa jornada, entendi que, muito além de conhecer novas pessoas para conversar sobre livros, eu estava incentivando novos leitores, e isso me deu ainda mais ânimo para continuar. Passei a mostrar cada vez mais o quanto a literatura estava me fazendo bem e que qualquer pessoa poderia ler e se beneficiar disso.

Um dos meus objetivos principais é atingir um público o mais diverso possível, sem me limitar a conversar apenas com quem já tem o hábito de ler. Então, escolho sempre começar pelo básico, sem partir do pressuposto de que o outro deve ter um conhecimento prévio sobre determinada obra ou autor. Caso contrário, posso acabar intimidando novos leitores. Nas minhas postagens ou mesmo em conversas sobre livros, busco usar uma linguagem acessível para não transformar um livro em um bicho de sete cabeças. Ajo assim porque quero aproximar a leitura de quem está do outro lado das telas.

Estou acostumado a ser abordado por pessoas que dizem: "Tenho medo de falar sobre livros com você, porque não sei muita coisa." A verdade é que sei menos sobre literatura do que muitos imaginam. Tem livros que me confundem; histórias que, depois de ler, esqueço completamente; clássicos famosíssimos que não li; e autoras e autores consagrados cujo nome nem ouvi falar. E mais que isso: muito do que aprendo é por conta das pessoas que me acompanham.

E não tenho mais vergonha desse meu desconhecimento. Não tenho obrigação nem pretensão de ser um especialista em literatura. Mas assim como em outras áreas da cultura, a literatura tem tanto uma esfera acadêmica e profissional quanto um lado de entretenimento. E muita gente confunde esses dois vieses. Desde os primeiros momentos em que caí de paraquedas nesse universo dos livros, senti que as pessoas presumiam que eu tinha um extenso conhecimento sobre o tema. Do contrário, eu nem deveria estar ali. Começavam a falar de obras ou autores sem sequer perguntar se eu os conhecia. Certa vez, uma editora em um evento literário puxou conversa comigo sobre três autores dos quais eu nunca tinha ouvido falar. Na hora, sinalizei que não conhecia nenhum dos três. Ao notar o olhar espantado, perguntei: "Você conhece X, Y e Z?" Ela respondeu que não. Revelei que eram três juristas importantes no Brasil e que não tinha problema algum se ela não os conhecesse.

Um olhar de espanto como esse poderia me constranger e fazer com que eu questionasse o meu trabalho. Mas naquele momento decidi demonstrar meu descontentamento, sem me sentir obrigado a apenas agradar. Decidi que não duvidaria mais do trabalho que eu estava fazendo: conversar com os leitores através do meu perfil, encontrar pessoas que, assim como eu anos antes, gostavam de ler, queriam ler mais, mas estavam perdidas sem saber como fazer isso.

Eu também pretendia ajudar os leitores a entender que o objetivo da leitura não precisa ser chegar ao final de uma história e descobrir como ela termina. Todos podemos fazer uma leitura mais atenta, que observe outros aspectos da construção narrativa. Um bom exercício é analisar os sentimentos que determinado livro desperta. Ficou triste? Indignado? Reconfortado? Outra dica é observar a escrita do autor. Ela é mais lenta? Prolixa? Frases curtas? Parágrafos longos? Pergunte-se também se prefere narrativas mais objetivas ou mais descritivas; se gosta quando a prosa é poética. Cada livro é um mundo inteiro de formas, construções, personagens e cenários. Essas percepções vêm aos poucos, com o hábito da leitura, e enriquecem a experiência, para que ao final seja possível ir além de um simples gostei ou não gostei da história.

Estudar sobre o autor, sua origem, o contexto histórico em que a obra foi escrita também tem o poder de transformar a apreciação do livro. Toda fonte de informações é um caminho para uma leitura mais rica.

Maurice, de E. M. Forster, e o já citado *Confissões de uma máscara*, de Yukio Mishima, abordam os conflitos internos de um homem com a sua sexualidade em uma sociedade preconceituosa. Fiquei interessadíssimo nas leituras, mas ao iniciar o livro acabei deixando de lado a época em que os autores viveram. Forster escreveu seu romance na Inglaterra, entre 1912 e 1913, e, conforme o seu desejo, só foi publicado após a sua morte. Mishima publicou *Confissões de uma máscara* no Japão na década de 1940.

Eu esperava reflexões explícitas sobre sexualidade, como nos romances contemporâneos, mas me deparei com um texto sutil. Pelas épocas e lugares em que foram escritas, as obras abordavam a homossexualidade de forma subjetiva, sem tantos detalhes e sem um mergulho íntimo na vida do personagem. Depois, ao ler mais sobre os autores e os contextos sociais e históricos de cada um, entendi que ambos os livros desafiaram — e muito — a sociedade quando foram lançados. Isso revela a importância de buscar informações que vão além da história contada no livro.

Ainda que expusesse nas redes que tinha namorada, fora do "mundo Bookster" eu continuava sendo alvo de comentários. Conhecidos levantavam a possibilidade de eu ser gay, por causa de algo que eu tivesse feito ou dito. Mesmo com a cabeça um pouco mais aberta, essas brincadeiras me afetavam, e tornaram o caminho até a aceitação mais longo. Eu negava, dava risadas e dizia que, se fosse gay, não esconderia. No fundo, eu precisava estar em paz comigo mesmo, precisava aceitar e gostar de quem eu era, para cogitar levar uma vida gay um dia.

Depois de quase quatro anos, algumas brigas e desentendimentos fizeram o namoro se encaminhar para o fim. Pedi um tempo, porque não estava bem. Precisava enfrentar alguns fantasmas que teimavam em sair dos porões. Quando terminamos, sofri. Não foi uma decisão fácil.

Estar solteiro trouxe de volta um antigo estresse: eu teria que sair, ficar com mulheres, performar a masculinidade esperada de um homem heterossexual solteiro. Mas, dessa vez, eu estava disposto a dialogar comigo mesmo sobre o que estava se passando. Comecei a refletir sobre o fato incontestável de que eu era, sim, gay. Isso me dava muito medo e, ainda que eu não soubesse o que iria acontecer, sentia que estava me preparando para viver as minhas dúvidas.

5
O cheiro impregnado

ÉRAMOS DOIS ADOLESCENTES. Em uma noite, eu tinha bebido, ele também, e acabou acontecendo. Foi a minha primeira experiência com outro homem. Nunca voltamos ao assunto, preferimos fingir que nada tinha acontecido. Hoje vejo essa noite como o transbordamento de um desejo reprimido, numa fase em que os hormônios estavam à flor da pele e eu, perdido sobre como lidar com minhas vontades. Quando terminou, o sentimento de culpa era devorador, queria me esconder ou pelo menos apagar da memória o que havia acontecido.

O cheiro daquele episódio se impregnou na minha pele, quis me esfregar no banho, como se o sabonete pudesse limpar o que eu considerava que havia de errado em mim. Tinha perdido a batalha do controle para o desejo e acabei jogando para o alto toda a repressão. Logo em seguida, porém, o arrependimento e a repulsa tomaram conta do meu corpo.

Acho que foi ali que considerei de verdade a possibilidade de ser gay, ainda que eu não conseguisse ir além das vontades que sentia. Quando os julgamentos perderam a força e me reduzi aos instintos mais naturais, entendi que realmente não eram apenas fantasias que perturbavam a minha mente. Era real. Não sei nem mesmo se a palavra vontade é a mais certa, porque eu não queria aquilo de forma intencional. Era uma necessidade. E, naquele dia, ela se apoderou de mim.

Eu já o conhecia. Não posso dizer que éramos amigos próximos. Estávamos mais para colegas. Enfrentávamos os conflitos internos de forma parecida: escondendo de nós mesmos. Talvez nós dois tenhamos ficado surpresos quando identificamos que o que estava acontecendo ultrapassava uma possível nova amizade. Nenhum de nós dois tinha vivido uma experiência com outro garoto. E aconteceu de forma natural.

Com o efeito da bebida já no meu corpo, comecei a notar os toques incomuns, mãos que tocam no corpo sem motivo, um encontro de braços que dura alguns segundos a mais... Toda a minha sensibilidade foi direcionada para poucos centímetros de pele, e comecei a desconfiar de que aqueles simples toques tinham um significado maior.

Quando ficamos sozinhos, nos permitimos viver nosso desejo. Não houve beijo. Não nos permitimos qualquer gesto considerado afetuoso que pudesse trazer a ideia de sermos amantes. Era algo puramente físico, sem sentimentos. Como se dessa forma fosse menos reprovável. Mas experimentamos todas as partes de nossos corpos, como se a vontade fosse compreender o que tinha de tão atraente naquele outro. Um outro semelhante a mim, mas considerado proibido. Éramos dois conhecidos experimentando pela primeira vez algo que até aquela noite só havia sido imaginado.

Essa mudança de percepção sobre uma outra pessoa, essa dúvida sobre uma possível tensão social, esse instante difícil de explicar, é com frequência reproduzido em livros, mas os exemplos que me vêm à mente quase sempre são entre homens e mulheres. É um reflexo tanto da baixa representatividade de personagens homoafetivos na literatura como da não divulgação dos poucos livros que existem com essa temática. Ainda assim, são sensações universais. Quem já viveu isso se identifica na hora, não importa gênero, idade, sexualidade.

Em *Eu receberia as piores notícias dos seus lindos lábios*, Marçal Aquino conta a história de Cauby e Lavínia. Em uma pequena cidade do Pará, os dois experimentam as sensações intensas causadas pelos toques dos corpos. Em uma trama instigante, que conta ainda com assassinato, ciúmes e ameaças, o autor descreve o desejo entre os personagens de tal forma que a experiência resiste na imaginação do leitor por um bom tempo (assim como esse título incrível).

O escritor norte-americano James Baldwin narra em *O quarto de Giovanni* uma experiência mais próxima do que eu vivi. No livro, Baldwin descreve de forma sensível e tocante as memórias de David, um jovem norte-americano que mantém um relacionamento com uma mulher, mas que confronta o próprio desejo ao viver a experiência de ser tocado pela primeira vez por Giovanni, um italiano que vive livremente sua sexualidade. O autor se aprofunda nas questões psicológicas do personagem principal e revela esse sofrimento de alguém que não consegue se aceitar e a forma como esse conflito pessoal reverbera nas suas relações. São as consequências do medo de amar livremente.

Na época da publicação do livro, 1956, Baldwin, um autor negro, foi criticado por ter deixado de escrever sobre a temática do racismo, que marcava o seu trabalho, para retratar uma relação homoafetiva entre dois personagens brancos. Baldwin explicou que a homossexualidade e o racismo eram temas tão espinhosos para aquela época que abordar os dois em um mesmo livro seria um grande obstáculo. Isso, com certeza, revela a coragem de Baldwin em publicar um romance tão profundo sobre a relação conturbada entre David e Giovanni.

Eu não imaginava que aqueles toques, aquela noite ficaria marcada em detalhes — por anos —, mesmo que eu lutasse constantemente contra as imagens na minha cabeça. Durante dias, as cenas tomaram meus pensamentos, repetitivamente e a qualquer hora. Eu queria apagar cada segundo da memória. O que eu ainda não sabia era que, dali em diante, mais difícil que esquecer, seria ignorar esse sentimento. Eu estava perdido, não sabia o que fazer com tanta angústia e não tinha com quem compartilhar meus questionamentos.

É um pouco triste que minha primeira experiência com um homem tenha sido tão traumática. Naquela idade, eu já havia tido experiências sexuais com garotas e, apesar de todo o nervosismo e da pressão de como um adolescente hétero deve se comportar, a lembrança não era ruim. Não romantizo a perda da virgindade, porque sei que muitos jovens começam a vida sexual de forma constrangedora, inabilidosa e com pouco prazer, mas hoje gostaria que essa primeira experiência tivesse deixado uma marca mais positiva.

Depois daquela noite, reencontrei o garoto e foi um clima constrangedor, mas o combinado tácito estava de pé: nada tinha acontecido. No entanto, depois de pouco mais de um ano, ao nos encontrarmos novamente, "o que não tinha acontecido" se repetiu. Tudo do mesmo jeito, seguindo um enredo cujo fim não poderia ser evitado: a culpa.

Ainda assim, não passava pela minha cabeça aceitar que eu gostava de rapazes. Os anos foram passando, nada parecido aconteceu e eu continuava me relacionando com garotas. Eu me comportava como esperavam que eu me comportasse, mas não era capaz de evitar a angústia de negar quem eu era. Não adiantava esperar que as memórias perdessem força, como se, junto com a lembrança, a culpa também desaparecesse. A questão era mais complexa e seus reflexos não cessariam: eu não poderia escapar de quem eu realmente era.

Mas tentava. Com os remédios para ansiedade, viver dentro do armário era menos angustiante, embora, em alguns momentos, me sentisse um pouco apático. Eu tinha certeza de que seria assim para sempre. Iria me casar com uma mulher, ter filhos e, se um dia tivesse a oportunidade de viver outra experiência proibida, longe de todos que eu conhecesse, quem sabe eu me permitiria. Eram só fantasias.

Muitos anos depois, logo após o término de um namoro com uma mulher e na contramão do que eu havia planejado, um novo personagem se tornaria protagonista e abriria outras possibilidades para a minha história. Se até então eu não havia cogitado a ideia de viver por inteiro, a literatura foi desamarrando os nós que eu mesmo tinha dado nas cordas que me prendiam. O processo foi lento, e confesso que, em boa parte dele, eu nem estava de todo ciente de que isso estava acontecendo.

6
A dor do indizível

UM DIA do final de 2019, vivendo essa fase de solteiro, sozinho no trânsito na volta do escritório, tentei falar em voz alta no carro a seguinte frase: "Eu sou gay."

Parece simples, né? "Eu sou gay", era só falar. Mas não consegui. Eu tentava, começava com o "eu sou", mas a voz não saía. Parecia até mesmo uma impossibilidade física. Como eu não conseguia falar algo que eu queria? Foi muito doído perceber isso. Era a dor do indizível. Meu corpo mostrando que eu realmente não tinha controle. Eu havia reprimido isso por tantos anos que agora não conseguia colocar para fora. O indizível era real. A vontade de esconder quem eu era me impedia de reverter a situação. Mas estava disposto a redescobrir do que eu tinha me privado.

Considerando vivenciar outras experiências com homens, já que a primeira, quando adolescente, tinha envolvido muita culpa, comecei a pensar em como realizar meu desejo sem que ninguém ficasse sabendo. Apesar de o @book.ster ter me apresentado amigos gays, eu não me sentia pronto para pedir ajuda.

Alguns dias se passaram e me dei conta de que a única forma de encontrar uma pessoa desconhecida e com quem não tivesse amigos em comum seria apelar para a internet. O problema era que, àquela altura, eu já tinha mais de cem mil seguidores nas redes sociais e existia um risco de não conseguir que o anonimato fosse total. Pesquisando, descobri a existência de aplicativos de relacionamento para homens gays. Criei um perfil sem informações pessoais, sem foto, e comecei a mexer, para ver o que encontraria.

Contando assim, pode até parecer que tudo foi rápido e simples. Mas a cada passo que eu dava, lutava contra meus medos, principalmente de ser descoberto. O coração quase saía pela boca de tanto nervosismo. Só de pensar na possibilidade de sair com um homem, batia o desespero. E, ainda que ninguém estivesse olhando, eu temia o meu próprio julgamento.

Depois de muito navegar pelo aplicativo, iniciei uma conversa, em que menti várias informações sobre mim, para antes tentar sondar as chances de termos amigos em comum. Contei um pouco sobre a minha situação, e ele entendeu o motivo de eu não ter colocado fotos. Aparentemente, a ideia de sigilo era comum naquele ambiente, o que foi tranquilizador. O problema começou quando ele pediu para ver o meu rosto. Não dava. Eu resisti, ele insistiu. Resisti mais um pouco, ele insistiu mais um pouco.

Parei para refletir e concluí que era inevitável. Como uma pessoa aceitaria se encontrar comigo sem sequer ver uma foto do meu rosto? Mais que isso: se eu não tinha coragem nem de mandar uma foto, como conseguiria sair de casa para encontrar a pessoa? Mesmo com muito receio, e quase tonto de nervosismo, mandei foto. A reação não deu indícios de que ele sabia quem eu era. Alívio.

No dia seguinte, combinamos de nos conhecer na casa dele, que era perto de onde eu morava. Fui sem contar para ninguém, o que hoje sei que pode ser perigoso, mas, naquele momento, eu tinha outras preocupações que encobriram essa questão da segurança. Era um dia de semana, saí do trabalho e fui até a casa daquele desconhecido — de quem só sabia as informações que ele tinha me passado, e que poderiam ser mentirosas. Tente se lembrar de uma situação em que você teve muito medo, muito mesmo, antecipando tudo de pior que poderia acontecer: era isso que eu estava sentindo.

Para tentar me acalmar, comprei duas garrafas de cerveja em uma loja de conveniência. Na frente da casa do cara, abri a primeira e virei de uma vez. Bebi a segunda com mais calma, enquanto dava alguns minutos, para não ser tão pontual. Interfonei. O porteiro me liberou e entrei no elevador, quase pensando em dar meia-volta. Quando cheguei no andar, a porta estava fechada. Nesse momento de muita tensão, lancei mão da minha estratégia. Trinta segundos sem pensar no medo. Toquei a campainha e então não tinha mais volta. Fingi tranquilidade quando ele abriu a porta e me vi diante de alguém que eu só conhecia pela tela de celular. Aquilo estava mesmo acontecendo.

Ficamos conversando enquanto tomávamos vinho. Ele me contou que tinha passado pelo mesmo processo que eu estava vivendo havia pouco tempo. Não consegui me abrir muito, e só revelei meu nome e minha profissão. Depois de uma hora, o álcool já tinha causado o efeito desejado e me relaxou. Não a ponto de fazer com que eu tomasse qualquer iniciativa. Isso deixei a cargo da pessoa mais experiente na sala.

"Não vou contar para ninguém", ele disse. "Fica tranquilo."

Na hora foi bom, mas a culpa, como aquela de tantos anos antes, reapareceu — menos intensa, mas estava ali. Depois do episódio na adolescência, cheguei em casa, tomei banho e ensaboei o corpo todo, com força, como se estivesse sujo. Dessa vez não tinha sentido essa urgência. Procurei entender o que eu sentia. Fui embora com calma e ficamos de nos falar para combinar outro encontro.

No dia seguinte, recebi uma mensagem: "Oi, Pedro Pacífico... ou melhor, Bookster!" Quase caí da cadeira. Ele pesquisou na internet as poucas informações que eu tinha passado e me encontrou. Prometeu que não ia contar para ninguém, e cumpriu a promessa. Estive com ele só mais uma vez.

Na mesma época, eu tinha agendado uma consulta médica para me ajudar a identificar manchas que sempre tive na pele, mas que haviam se agravado nos meses anteriores. Fui a vários especialistas que não conseguiram identificar o que eu tinha, até que recebi a indicação de um médico conhecido por diagnósticos complexos. Chegando no consultório, me deparei com o médico, um homem na faixa dos sessenta anos — um pouco mais velho que meu pai. Feita a anamnese, ele me pediu uma série de exames para descartar hipóteses. Antes de sair, achei importante relatar que estava vivendo um período de grande estresse, com dúvidas sobre a minha sexualidade. Falei isso por imaginar que estava em um ambiente seguro, contando com a ética médica.

Na consulta de retorno, ele foi tremendamente insensível. Meus exames estavam bons, mas um indicador não estava exatamente normal. Ele insinuou que aquela irregularidade poderia ser um indício de contaminação pelo vírus HIV. Parei de sentir o chão na hora. Eu sempre me prevenia em qualquer relação e falei isso para ele, mas o médico não pareceu se tranquilizar. Ele completou explicando que a janela de incubação do vírus poderia durar até noventa dias e que eu precisaria aguardar para poder fazer um exame. Ignorei essa recomendação, seria impossível viver com aquela faca no pescoço por tantos dias. Saí do consultório imediatamente para um laboratório de exames médicos. Pedi urgência no resultado. Não conseguia pensar em outra coisa, eu parecia uma ameba no escritório. Depois de algumas horas atualizando o site do laboratório, o resultado apareceu na minha tela: negativo. Relaxei um pouco, mas aqueles noventa dias não saíram da minha cabeça.

Passei a fazer exames semanais até passar o período de três meses. Claro que nunca mais voltei no consultório daquele médico. Foi cruel da parte dele me provocar, logo quando eu, inocentemente, tinha me colocado de forma tão vulnerável. Isso ficou ainda mais óbvio quando, passado o susto, amigos médicos me garantiram que a irregularidade de um dos meus exames poderia significar muitas coisas, e poucas seriam sérias como contaminação pelo vírus HIV. Ou seja, em um ambiente onde eu deveria estar seguro, havia sido vítima de preconceito, vindo justo da primeira pessoa com quem tinha compartilhado aquela fase que estava vivendo.

Alguns meses depois, fui passar a virada do ano na Bahia, com meu grupo de amigos da escola. Para quem convivia comigo, a minha vida continuava a mesma: eu era um homem solteiro em busca de conhecer mulheres. O que eu não imaginava era que nessa viagem eu daria um passo bem importante. Em uma das festas a que fomos, um homem começou a puxar papo comigo, dizendo que já tinha me visto antes. Tínhamos alguns amigos em comum. Não percebi nada de excepcional. Poucos dias depois, na festa de réveillon, nos encontramos novamente. Depois de um tempo de conversa, senti a mesma tensão que eu tinha experimentado havia muitos anos, na adolescência. Alguns toques mais demorados e uma maior proximidade física enquanto conversávamos. Mesmo que eu estivesse disposto a me abrir para novas experiências, não tinha certeza do que estava acontecendo nem se teria coragem de dar algum passo. Inclusive, nós dois ficamos com mulheres na festa em que nos conhecemos. De volta a São Paulo, nos adicionamos nas redes sociais e combinamos de tomar uma cerveja. Ele se tornou o meu primeiro namorado, com quem fiquei por quase dois anos.

Os sentimentos despertados por um primeiro relacionamento com um homem me mostraram o que era viver por inteiro. Descobri o que era paixão de verdade! O sentimento que todo adolescente vivencia, retratado em filmes e livros, eu só fui viver aos 27 anos: um adulto, com a vida profissional estabelecida, descobrindo sensações que a maioria dos meninos na porta da escola já conhecia. Era uma adolescência tardia. Antes, quando lia sobre paixões arrebatadoras, me parecia exagerado, porque não conseguia me identificar com um sentimento tão forte, que me fizesse esquecer tudo o que estava a minha volta só para focar naquela pessoa. Para mim, essa paixão desenfreada descrita nos livros não fazia sentido. Antes do meu primeiro relacionamento com outro homem, cheguei até a questionar se eu era uma pessoa fria, incapaz de me envolver tanto assim. Hoje sei que não havia um problema, apenas o simples desconhecimento daquela sensação. Eu tinha gostado e amado muito as pessoas com quem havia me relacionado, mas nada comparado àquela entrega que estava vivendo.

Tive a mesma sensação de não conseguir me identificar com um sentimento de paixão tão intenso quando li *Os sofrimentos do jovem Werther*, do escritor alemão Johann Wolfgang von Goethe. Escrito em 1774, o livro narra a história de um jovem que se apaixona perdidamente por uma garota já prometida em casamento a outro. A impossibilidade da consumação dessa paixão devora Werther, que passa seus dias em um angustiante sofrimento. Construída a partir de cartas, a obra é o retrato do romântico, daquele que prioriza o sentimento no lugar da razão. Para Werther, a única dúvida que cresce dentro de si é: será que a vida ainda faz sentido sem a pessoa amada?

Em um de seus romances mais conhecidos, *O amor nos tempos do cólera*, o vencedor do prêmio Nobel de Literatura de 1982, Gabriel García Márquez, também narra uma das mais conhecidas histórias de amor da literatura. Mesmo nessa história de amor que dura tantos anos, não há como deixar de falar do início da relação, que começa com a paixão avassaladora de Florentino Ariza pela jovem Fermina Daza. A intensidade do que vive o apaixonado, e as dificuldades para conquistar a personagem e construir uma história lado a lado, chega até a adoecer quem o carrega, com sintomas facilmente confundidos com uma doença como a cólera.

O escritor russo Ivan Turguêniev também narra, em *Primeiro amor*, a história de um adolescente muito jovem que descobre a estranheza de se apaixonar por alguém, ainda que de forma quase platônica. Em poucas páginas, e em um cenário da Rússia do século XIX, o autor nos mostra como a primeira paixão leva o personagem a fazer de tudo para garantir que o amor será correspondido. O jovem se coloca de forma tão vulnerável que o objeto de sua paixão, a vizinha Zinaida, brinca com as emoções dele, assim como com a de outros homens. Como o próprio título já indica, é uma obra sobre a potência do primeiro amor.

E não é apenas nos clássicos que encontramos fortes descrições de uma avassaladora paixão. Em sua curta obra *Paixão simples*, a escritora francesa Annie Ernaux, laureada com o Nobel em 2022, descreve com sua linguagem simples e marcante os efeitos desse sentimento que reduz você à existência de outra pessoa. Como acontece em seus livros, a narrativa gira em torno das memórias da própria autora quando viveu um relacionamento com um homem casado, enquanto mãe e mulher divorciada. Em suas poucas páginas, Ernaux consegue mostrar ao leitor a paralisia, a incapacidade de pensar em outro assunto que não o objeto da paixão. Como bem descreve a autora, "eu era apenas o tempo passando por mim".

Aos 27 anos, pela primeira vez pude sentir isso que antes eu considerava um exagero: tinha dificuldade de me concentrar no trabalho e nas outras obrigações da rotina. Como um menino indefeso, sentia pavor de não dar certo, porque, caso isso acontecesse, não tinha dúvidas de que sofreria para sempre. Fiquei desesperado por não me ver no controle das minhas emoções. Hoje sei que ninguém morre de amor e que paixões passam. Mas o ineditismo daqueles sentimentos me deixou sem saber o que estava por vir.

A terapia foi muito importante para me ajudar com essa sensação de ter perdido o chão. Eu nunca havia conseguido compartilhar em sessão que era gay, mas, depois de toda essa mudança interna, precisava de ajuda para me orientar sobre como lidar com tantas emoções. Foi bom poder contar para alguém que não aquele médico que me traumatizou. Estava com tanto medo dos meus sentimentos que cheguei a dizer que gostaria de nunca ter conhecido o meu então namorado e que preferia a estabilidade dos meus relacionamentos com mulheres. A psicóloga tentava me mostrar que eu precisava encarar o medo e curtir os sentimentos que estava experimentando, finalmente, pela primeira vez. Eu me sentia muito frágil e vulnerável, achava que isso não condizia com uma pessoa de quase trinta anos e me preocupava em retomar o controle da situação.

Além de poder viver uma paixão, que aos poucos se transformou em um amor mais comum, essa avalanche de emoções representou uma virada de chave importantíssima sobre como eu enxergava o meu futuro. Entendi que não deixaria mais de viver quem eu era. Com a primeira paixão, tive a certeza de que não queria continuar me escondendo e que aquelas emoções não eram motivo de vergonha. Na tentativa de viver o que os outros queriam que eu vivesse, eu era o único que saía perdendo. E eu não estava mais disposto a deixar de viver emoções como aquela.

As circunstâncias daquele momento de vida também me permitiram mudar algumas ideias que insistiam em me atormentar: eu era advogado, com um cargo estável, tinha independência financeira e sabia que teria o apoio da minha família. Seguro de que eu queria viver aquilo, passou a ser fácil pensar que, se alguém me rejeitasse, tudo bem. Eu não me importava mais.

É impossível ignorar que a minha situação de privilégio é distinta da realidade de muitos jovens que, embora consigam se aceitar como homossexuais ainda cedo, não podem expor isso para outras pessoas sem correr o risco de perder o apoio da família e até de ser expulsos de casa.

Desde minha adolescência, eu e meu pai aproveitamos uma paixão em comum para passar um tempo juntos: viajar. Apesar de algumas diferenças, comuns a todos pais e filhos, nesses momentos elas desapareciam. As viagens costumam ser mais do tipo "aventureira", com destinos conhecidos pelas paisagens e possibilidades de trilhas pela natureza.

No Carnaval de 2020, fomos a Ruanda encontrar as poucas famílias de gorilas-das-montanhas que ainda existem no mundo. Como forma de preservar os poucos animais que ainda não foram vítimas da caça, foram criados projetos de conservação seríssimos, tanto para divulgar a situação crítica dos gorilas, como para educar a população local sobre a importância de mantê-los vivos. Organizei a viagem durante meses, e a ansiedade me consumia. Mas eu não esperava que pouco menos de dois meses antes da data de partida, minha vida viraria de ponta-cabeça e eu me apaixonaria. Embarquei no avião com uma mistura de sentimentos. Meus pensamentos estavam presos a minha nova paixão, mas ao mesmo tempo não via a hora de fazer aquela viagem.

Apesar de atualmente ser um destino turístico, sobretudo pelos gorilas, Ruanda foi palco de um genocídio étnico no início da década de 1990 — um dos mais tristes e brutais episódios da nossa História recente. Durante a viagem, li uma obra que tem como cenário esse etnocídio, que vitimizou cerca de oitocentas mil pessoas em apenas cem dias. O título da obra, escrita pelo jornalista norte-americano Philip Gourevitch, já antecipa a brutalidade dos depoimentos nela contidos: *Gostaríamos de informá-lo de que amanhã seremos mortos com nossas famílias*. Gourevitch entrevistou por três anos centenas de ruandeses que sobreviveram ao massacre, parentes das vítimas e assassinos. A leitura denuncia a influência da colonização no aumento das tensões entre as diferentes etnias daquela região, assim como o cenário político do país, na morte de mais de um décimo da população.

Antes de ler o livro de Gourevitch, tinha lido *A mulher de pés descalços*, da ruandesa Scholastique Mukasonga. Sobrevivente da guerra civil, a autora escreveu alguns livros relatando as atrocidades que vivenciou. Em *A mulher de pés descalços*, a partir de suas memórias de infância e das tradições de seu povo, a autora homenageia sua mãe, Stefania, uma das vítimas do massacre do povo Tutsi. A maior parte da narrativa se passa em Nyamata, uma cidade no sudeste da Ruanda, para onde a sua e outras famílias Tutsis foram deportadas na década de 1960. É um livro marcante, que conta a história do país e de seu povo no período anterior ao massacre.

A viagem com meu pai foi, como sempre, fascinante. Nós nos damos muito bem e é quase impossível termos algum desentendimento. Mas, naqueles dias, precisei esconder os inúmeros momentos em que meus pensamentos se perdiam enquanto eu trocava mensagens no celular ou fazia chamadas de vídeos com meu então namorado. O curioso é que, ao mesmo tempo que eu tentava esconder, no fundo eu tinha vontade que ele descobrisse. Até cheguei a pensar em contar para ele. Eu estava tão feliz que não parecia fazer sentido esconder isso de uma pessoa que me amava tanto, meu próprio pai. Lembro de ensaiar em minha cabeça diversas tentativas de iniciar o assunto. Durante o almoço, antes de dormir, ou enquanto caminhávamos por aquelas paisagens por nós desconhecida.

Apesar de não ter conseguido contar naquela viagem, voltei para São Paulo com a certeza de que ele não viraria as costas para mim por conta da minha sexualidade. Aqueles dias ao seu lado me mostraram o que meus medos obscureciam: eu tenho o privilégio de ser filho de um homem sensível e carinhoso, que se preocupa comigo e me ama incondicionalmente. Eu sabia que aquele segredo estava com os dias contados.

Ciente da minha situação de conforto, e com a certeza de que eu não continuaria perdendo a oportunidade de viver por inteiro, decidi contar para as pessoas mais próximas, certo de que contar era muito diferente de pedir aprovação.

7
Amparado
9 de março de 2020

MINHA MÃE ESTAVA CHORANDO. Eu também comecei a chorar. Aqueles segundos enquanto ela não falava nada pareceram horas. O ar entre nós estava carregado de histórias não contadas, de conversas que deixamos de ter, dos anos em que guardei aquela verdade só para mim.

— Obrigada por compartilhar comigo, filho. Que bom que você me contou. Você vai parar de sofrer sozinho. Não consigo imaginar como pôde ter vivido escondendo isso por tantos anos.

O choro dela continuava. Era um choro de alívio misturado com tristeza.

— Mãe, eu quero pensar daqui para a frente. Não estou mais sofrendo com isso. Estou me sentindo muito bem com quem eu sou. Sinto que pela primeira vez estou vivendo por inteiro, com emoções que eu ainda não conhecia.

A gente se abraçou, enquanto as lágrimas corriam.

— Eu tenho tanta coisa para contar, mãe. Esses últimos meses foram uma junção dos mais diversos e intensos sentimentos. Até hoje, só contei para a psicóloga. — Omiti o episódio do médico. — Você vai ter que guardar esse segredo com você por um tempo. Preciso começar aos poucos o processo de compartilhar com outras pessoas. Eu quero contar para todo mundo, nunca mais vou esconder quem eu sou.

— Filho, me dói pensar em tudo o que você passou. Por que eu não pude estar ao seu lado em tudo isso? Mas que bom te ver com esse sorriso e essa tranquilidade no rosto. Eu tenho todo o tempo do mundo para te ouvir. E agora estarei com você para cada novo passo que você der. Não precisa passar por nada mais sozinho.

Em conversas assim, em geral o pior é começar. Depois que o assunto é colocado na mesa, a ansiedade diminui e os dois lados relaxam — se tudo acontecer da melhor maneira possível —, então é possível ter um diálogo aberto e verdadeiro. Assim que passou a emoção inicial e o choro foi controlado, ela fez muitas perguntas: quem era o rapaz, como eu o tinha conhecido, há quanto tempo eu sabia. Eu não queria esconder mais nada de ninguém, até porque sabia que não estava fazendo nada de errado que precisasse ser mantido em segredo. Respondi a todas as perguntas e mostrei fotos do meu então namorado.

Percebi que era muita coisa para minha mãe naquele momento. Ao mesmo tempo que ela parecia muito contente e aliviada por mim, a cabeça dela estava com mil pensamentos. Havia um medo por alguma rejeição ou ofensa que eu poderia receber. Talvez houvesse até um certo desconforto diante daquela novidade. Eu sabia que minha mãe precisaria de um tempo para digerir todas aquelas informações, mas eu não podia deixá-la ir embora sem fazer algumas perguntas que sempre estiveram na minha cabeça.

Comecei querendo saber se ela desconfiava. Minha mãe me contou que, quando eu era criança, notava minha sensibilidade em lidar com as pessoas, os gostos diferentes dos de outros meninos, a maior afinidade com as meninas da classe. Ela chegou a comentar com um tio meu, que é psiquiatra, para saber a opinião dele e se tinha algo que ela pudesse fazer para me proteger. "Ele é só uma criança manifestando seus interesses. Deixe acontecer" — foi o conselho dele. Ela sentia medo pelo que eu poderia passar ao ser diferente.

Com o tempo — e provavelmente com o meu esforço em me encaixar e me comportar como eu achava que um garoto da minha idade deveria —, essa suspeita foi perdendo a força, ela me contou. Já adolescente, apresentei namoradas. Mesmo não desconfiando exatamente de que eu poderia ser gay, ela percebia que havia alguma coisa que acentuava a minha ansiedade e os meus medos. Meus pais sofriam muito quando me viam passando por crises e tendo que tomar medicamentos fortes para me ajudar a controlar as emoções.

Passei a vida inteira com medo daquela conversa. Não que eu acreditasse que um dia contaria para alguém sobre a minha sexualidade — jamais! Mas, se um dia eu fosse descoberto, como seria a reação das pessoas? A minha ansiedade e a minha mania de aumentar os medos alimentaram a minha criatividade, que elaborou verdadeiras cenas de novela. Reações escandalosas, em que eu seria tachado como o erro da família, quase como se eu passasse a andar com uma placa dizendo que eu era gay.

Depois que a conversa terminou, veio a sensação: era só isso? Por nunca ter encontrado um livro que relatasse esse enfrentamento da sexualidade da perspectiva de um jovem da mesma época, eu não sabia o que esperar. Eu também não tinha amigos gays e, por isso, as únicas referências que tinha sobre a experiência de "sair do armário" eram muito problemáticas, sobretudo por conta de reportagens e notícias de jovens que eram expulsos de casa ou que nunca foram aceitos pelos familiares. Ainda assim, tenho consciência do privilégio de ter tido uma experiência tranquila e acolhedora.

Aquela conversa foi cheia de emoções, é verdade, mas foi essencialmente um diálogo entre dois adultos que se amam. Eu tive esse privilégio e acredito que a convicção sobre querer viver a minha sexualidade sem esconder de ninguém deu tranquilidade para a minha mãe. Mesmo assim, o maior medo dela — e eu sabia disso — era o que eu teria que enfrentar ao contar para o mundo.

Naquela noite, fui dormir leve. A noite da minha mãe, por sua vez, não deve ter sido tão calma, já que ela estava só começando a digerir tudo o que havíamos conversado.

No dia seguinte, voltei para minha rotina normal. Estava animado pelo importante passo que eu havia dado, mas, quando encontrei com meus pais à noite, eu e minha mãe fingimos que nada tinha acontecido. No dia seguinte, acordei me sentindo cansado e com dores nas pernas, o que de início atribuí à ressaca da festa de casamento na Bahia. Cheguei a pensar: "É... A idade está chegando mesmo. Essa história de que a ressaca dura mais é verdade." Poucas horas depois, recebi uma mensagem de um amigo que esteve na mesma festa e que havia acabado de testar positivo para Covid. A ficha demorou para cair, porque ainda não se falava sobre a transmissão da doença no Brasil. Havia menos de cinquenta casos no país!

Eu ainda estava em casa, e do meu quarto gritei para os meus pais. A primeira reação foi de choque, já que ninguém sabia o que fazer. Não conhecíamos ninguém que havia se infectado com o novo vírus. Mas não havia alternativa a não ser ir para o hospital e realizar um teste — essa tinha sido a orientação do meu amigo. Saí de casa sem encostar em nada, peguei o carro e fui. Chegando no hospital, ninguém usava máscaras. O Brasil ainda não vivia esse momento. Passei na triagem do pronto-socorro e informei que estava me sentindo mal e que um amigo tinha testado positivo para Covid. O comentário que ouvi foi: "Você estava no casamento?" Eu não era o primeiro.

Meus sintomas não eram fortes: dores nas pernas, cansaço e dor de garganta leve, que até achei que era psicológica, porque comecei a sentir depois de receber a mensagem. Eu me conheço e sei que basta ler uma reportagem na internet com sintomas de uma doença, que já começo a sentir alguns deles. No entanto, para minha surpresa, o enfermeiro da triagem mediu minha temperatura e o resultado foi 37,4ºC. Imediatamente me deram uma máscara e me encaminharam para uma salinha onde estavam outros convidados do casamento. Todos estavam um pouco atordoados, aguardando uma orientação. Era muita gente, cerca de vinte pessoas. Fui atendido e contei meus sintomas. "Grandes chances de você estar com Covid", a médica disse. Ela me prescreveu um analgésico e um antitérmico, caso tivesse febre ou dor — estávamos em um momento muito inicial da pandemia, com poucas informações sobre como combater o desenvolvimento do quadro. Fui encaminhado para outra sala, onde realizaram o exame. Levei um susto quando enfiaram aquele cotonete no fundo do meu nariz. Parecia que estavam coletando o material do meu cérebro. Mal sabia que seria o primeiro de inúmeros testes a que me submeteria nos meses seguintes.

Voltei para casa e fui direto para o quarto, porque a recomendação era aguardar o resultado sem ter contato com ninguém. Foram algumas horas de apreensão. Ficava checando o aplicativo do hospital a cada cinco minutos, até que apareceu "resultado disponível". Cliquei. "Detectado". Além do estresse de estar com uma doença praticamente desconhecida, que vinha causando milhares de mortes em outros países, eu ainda estava lidando com a ansiedade de ter contado para a minha mãe sobre ser gay havia menos de dois dias.

Passar quinze dias isolado no quarto foi mais um desafio para a minha ansiedade e uma prova de que os remédios psiquiátricos estavam bem dosados. Meus pais também tiveram que fazer o isolamento. Adotamos um protocolo rígido, em que tudo que era deixado na porta do meu quarto tinha que ser esterilizado com vários produtos diferentes. Eles usavam luvas e máscaras; meu pai, com um borrifador de álcool na mão, desinfetava todos os utensílios que voltavam do meu quarto; na sequência, minha mãe pegava com o maior cuidado e colocava em sacos, que ficavam isolados por horas para dar o tempo de o vírus morrer e diminuir a chance de contágio.

No dia seguinte ao do resultado, contei nas redes sociais que estava com Covid e, depois disso, passei a fazer uma espécie de diário da doença, mostrando a minha rotina dentro do quarto e como estava sendo ficar em casa. Recebi uma enxurrada de mensagens, já que quase ninguém no país até então conhecia alguém que tivesse sido contaminado. Cheguei a dar entrevistas para alguns canais de televisão diretamente do meu quarto, porque havia muita curiosidade sobre como era ter a doença.

Poucos dias depois, o Governo do Estado de São Paulo decretou quarentena. Eu queria passar tranquilidade para quem me acompanhava do outro lado da tela do celular, ao mesmo tempo que tentava mostrar a importância de seguir à risca as orientações para evitar a transmissão. Durante os dias em que fiquei no quarto, os sintomas mudaram um pouco: tive fortes dores de cabeça e me senti incapaz de me concentrar — inclusive, quase não li. Eu abria o livro, tentava ler uma página, mas não conseguia absorver as informações. A televisão foi uma opção melhor, por demandar menos de mim.

Vira e mexe me lembro de algumas histórias que marcaram o período de isolamento no meu quarto. Em uma delas, eu estava conversando com meu pai da janela do meu quarto, que ficava no sótão, e ele a uns trinta metros de distância de mim, no jardim. Nós dois estávamos de máscara. De repente, dei um espirro — foi o suficiente para que ele entrasse em desespero. Tentou calcular a distância do lugar em que ele estava até a minha janela. Era muito longe. Ligou para o médico, que deu risada e falou para o meu pai tomar um vinho e se distrair. Desse episódio em diante, tentamos todos relaxar para não surtar. Estávamos tomando todas as precauções indicadas; ficar tenso não ajudaria em nada, só tornaria aqueles dias de isolamento ainda mais difíceis.

Por mais que eu estivesse ansioso por não poder levar adiante o plano de contar para a família que eu era gay, a fase que eu estava vivendo me fez enfrentar esses dias de forma leve. Me sentia bem e queria melhorar logo, porque tinha muito a fazer e viver quando saísse daquele quarto. Eu já tinha perdido muito tempo vivendo em função dos outros e não podia me dar ao luxo de perder mais um dia.

Pouco tempo antes de ser considerado curado pelos médicos, eu só pensava que queria conversar com o meu pai. Não era justo ter contado para a minha mãe e deixá-lo de fora. Mandei uma mensagem para minha mãe, dizendo que, mesmo isolado, queria contar para ele; era um desejo desde a viagem à África e seria muito importante para mim. "Posso preparar o seu pai antes?" Na resposta dela estava claro que, ainda que eu estivesse tranquilo, ela estava receosa sobre como os outros receberiam a notícia. Era a vontade de me proteger a qualquer custo.

Assim que ela contou, meu pai foi até meu quarto e me chamou. Ficamos a alguns metros um do outro, cada um na porta do próprio quarto. Primeiro, ele perguntou por que eu não tinha contado antes. Em seguida, garantiu que não mudava nada e que ele me amava da mesma forma. Assim como a minha mãe, ele também ficou mal ao pensar que eu tinha guardado isso sozinho por tanto tempo. Chorei. Depois fizemos um gesto com os braços, como se nos abraçássemos a distância. Fechei a porta e voltei para aquele espaço sozinho, emocionado por estar enfrentando os medos sem qualquer arrependimento. Mais um passo dado.

No décimo sexto dia, a quarentena terminou, e voltei a circular pela casa. Notei uma apreensão dos meus pais ao se aproximarem de mim, o que era compreensível. Não se fazia teste para saber se o vírus ainda estava em mim e ficava uma pergunta na nossa cabeça: será que quinze dias eram o suficiente? Voltamos a fazer as refeições juntos à mesa, e no nosso primeiro almoço meu pai começou a chorar quando a conversa sobre a minha sexualidade surgiu. A primeira coisa que eu disse foi que não queria que o assunto virasse um tabu: o fato de eu ser gay não era uma vergonha para mim e não deveria ser para ninguém. Falar sobre eu namorar homens não seria um constrangimento e deveria ser tratado da mesma maneira que qualquer namoro que eu já tinha tido com uma mulher — ainda que estivesse nervoso naquele momento, me forcei a agir com a maior naturalidade possível.

Quando o questionei sobre o choro, meu pai respondeu que era a angústia. Ele ainda se questionou se poderia ter feito algo de diferente na minha criação. Ele tinha o sonho de me ver casando na igreja. Ficou claro que ele estava confuso, mas eu não estava disposto a argumentar contra um discurso tão fraco, principalmente conhecendo-o como eu o conheço. Falei para ele parar de chorar.

— Você quer viver os sonhos que sonhou para mim ou viver os meus sonhos comigo? — perguntei. — Olha como estou feliz, como estou bem, depois de passar anos sofrendo. Você está chorando por estar me vendo mais feliz?

Ele concordou comigo e enxugou as lágrimas. Nunca mais teve nenhuma crise, ao menos na minha frente.

Naquela semana, minha mãe queria contar logo para as minhas irmãs. Ela acreditava que as filhas poderiam ajudar a afastar as inquietações que ainda poderiam atormentar meu pai.

Eu estava na casa do meu namorado quando meu celular começou a tocar. Eram minhas irmãs me perguntando por que eu não tinha contado antes. Vieram logo dizendo que queriam conhecer a pessoa por quem eu estava apaixonado, que estavam muito felizes por mim, tratando o assunto com a maior naturalidade do mundo. Eu sabia que para elas a minha sexualidade não mudava nada.

Naquele momento, me dei conta de que as pessoas mais importantes da minha vida já sabiam e me apoiavam. Esse privilégio me encheu de coragem para enfrentar o que estava para além dos muros da minha família: se alguém não gostasse daquela novidade, eu não precisava ter aquela pessoa ao meu lado. Eu não ia viver mais a vida que os outros queriam que eu vivesse e também não iria conviver com quem não aceitasse quem eu sou.

E acho que, no meu caso, o problema maior nem eram os outros, mas eu mesmo. Passei anos sofrendo com a possibilidade de as pessoas descobrirem que eu era gay, sem saber que esse fantasma era só meu. A sociedade é preconceituosa, isso é indiscutível, mas agora eu sabia que as pessoas que tinham um papel importante na minha vida ficariam ao meu lado. Depois de me aceitar, tudo ficou mais fácil. Muito mais fácil. Comecei um processo de reconhecer os meus preconceitos, já que tantos anos reprimindo quem eu era tinha criado ideias negativas sobre ser gay. Também me dei conta de que não tinha nada de errado comigo. Os livros haviam me ajudado a me libertar, a parar de lutar contra quem eu era. É inexplicável essa sensação.

Ao mesmo tempo, no início da pandemia meu trabalho como produtor de conteúdo literário na internet começou a crescer ainda mais. Em casa, impedidos de manter a rotina com a qual estavam habituados, muitos passaram a buscar novos hobbies e hábitos mais saudáveis, como a leitura. Com isso, vi chegarem muitos novo leitores no @book.ster. Também percebi que vários leitores experientes passaram a enfrentar dificuldades para manter o ritmo. A ansiedade foi uma grande vilã e comprometeu a capacidade de concentração. O medo e as incertezas tomaram conta da nossa mente e, em alguns momentos, ficava difícil conseguir focar em um livro.

Acho que como eu tinha sido infectado logo no início, o nervosismo de ficar doente a qualquer momento era menor. Minha preocupação estava mais concentrada na saúde das pessoas próximas de mim e nos números brutais que a doença insistia em produzir. Mas consegui manter minhas leituras e continuar dedicado à produção de conteúdo nas redes sociais, até para ajudar quem estava buscando nos livros um conforto para aqueles dias difíceis. Dei dicas que haviam sido úteis nas minhas crises: optar por livros menores, pouco densos e com temáticas que não fossem pesadas ou melancólicas. Era tanta notícia ruim, morte, falta de esperança, medo de pegar a doença ou que alguém próximo pegasse, que passei a indicar livros com conteúdo mais leve, como *Nu, de botas*, do Antonio Prata, e *A mulher que escreveu a Bíblia*, de Moacyr Scliar.

O primeiro é uma coletânea de crônicas que tem como temática momentos da infância do autor. É uma leitura bem-humorada, narrada do ponto de vista de uma criança. Assuntos sérios e delicados são relatados com o vocabulário de um adulto, mas com a inocência e a ingenuidade características de uma criança, em que a cada dia há uma nova descoberta.

Em *A mulher que escreveu a Bíblia*, Moacyr Scliar fala sobre a cômica relação do Rei Salomão com a sua nova esposa. Por ser feia, ela é inicialmente rejeitada. No entanto, após descobrir a sua rara capacidade de ler e escrever, o Rei Salomão lhe atribui a incumbência — nada fácil — de reescrever a história da humanidade, principalmente do povo hebreu. *A mulher que escreveu a Bíblia* é uma leitura rápida, divertida e descomplicada, abordando, com ironia, temas como religião, história, sexo e culto à beleza.

O pedido por livros mais alegres e alto-astrais é recorrente nas redes sociais, apesar de minhas leituras conterem com frequência boas doses de drama. Cheguei a questionar se esse era o tipo de narrativa pelo qual eu mais me interessava ou se seria apenas coincidência. Concluí que não era uma peculiaridade minha, mas da literatura adulta, que não é feita como os contos de fadas, com o tão desejado "e viveram felizes para sempre". A literatura adulta é, em geral, um reflexo da realidade humana, que contém conflitos, angústias e momentos de tristeza.

Naquele período, eu finalmente estava me desfazendo de uma angústia que havia me acompanhado por tantos anos e fiquei com vontade de partilhar as reflexões sobre a minha aceitação com quem me seguia. Até então, passados alguns meses do início da pandemia, apenas a minha família sabia. Mas decidi que antes disso conversaria pessoalmente com algumas pessoas do meu círculo mais próximo. Aproveitando o cenário de diminuição dos casos de Covid e flexibilização das medidas, chamei um primeiro casal de amigos para uma visita ao meu apartamento. Desde o início da pandemia eu tinha saído da casa dos meus pais para morar sozinho, uma vontade que já vinha me acompanhando havia um bom tempo. Com a nova fase que eu vivia, o desejo se intensificou e dei o passo necessário.

Quando eles chegaram na minha casa nova, tomei uma cerveja para relaxar e ficamos conversando sobre aquele momento que estávamos enfrentando. Minha dificuldade era como começar o assunto. Eu não queria tornar o papo sério, muito menos parecer formal. Não dava para dizer: "Oi, gostaria de compartilhar com vocês que sou gay e queria o apoio dos amigos!" Mas não teve muito jeito. Acabei soltando do nada:

— Preciso contar uma coisa para vocês. Estou saindo com um cara.

— Sério?

Acho que eles não estavam entendendo se era uma brincadeira ou uma revelação. Meu rosto ficou quente, tenho certeza de que fiquei todo vermelho. Só fiz um sim com a cabeça e virei a garrafa de cerveja. Então eles se levantaram e me abraçaram — uma reação tão carinhosa que me deu a certeza de que sempre estariam ao meu lado. A felicidade que os dois sentiam pelo amigo de tantos anos transparecia no olhar e no largo sorriso.

No dia seguinte, acordei com a sensação boa — e ao mesmo tempo estranha — de que os meus maiores medos estavam desaparecendo. Senti que, antes de continuar contando para as pessoas mais próximas, precisava conversar com minha ex-namorada. Ela não merecia saber por outra pessoa ou através de fofocas. Mandei uma mensagem para ela. Preferi escrever a ligar, porque, dessa forma, dava a ela a liberdade de reagir e tomar o tempo que precisasse antes de me responder.

Fui o mais franco possível: contei que estava namorando um homem, mas que eu queria que ela tivesse a certeza de que tudo que vivemos tinha sido verdadeiro, sobretudo o amor que senti por ela. Os anos que passamos juntos foram de verdade. Depois que enviei, fiquei um pouco apreensivo. A última coisa que eu queria era magoar alguém que teve um papel tão importante na minha vida. Mas a conhecendo como eu a conhecia, sabia qual seria a sua reação. E minha sensibilidade se confirmou. Depois de algumas horas, recebi um texto lindo. Ela estava feliz por me ver feliz e sabia que o nosso tempo juntos tinha sido de verdade. Eu teria nela uma amiga. Respirei aliviado e aquela sensação boa estava apenas me fortalecendo.

As conversas que se seguiram com outros amigos foram parecidas. Alguns aproveitavam para tirar dúvidas sobre o novo relacionamento e as minhas descobertas. Há muitos estereótipos que não refletem a diversidade da comunidade LGBTQIAPN+. Quando percebi isso, quis deixar um canal aberto para que meus amigos pudessem fazer qualquer pergunta, até porque não queria que esse se tornasse um assunto proibido ou carregado de constrangimento. Jurei que eles podiam perguntar tudo sobre meus namorados, como faziam com as minhas namoradas. Aí foi engraçado, porque começou o interrogatório: "conta do começo", "a primeira experiência", "como conheceu". Ouvi as perguntas mais íntimas que se pode imaginar, de paixão a sexo. Foi divertido, uma troca muito boa, num ambiente em que me senti seguro, confortável e amado.

Comecei a perceber que as pessoas que realmente gostavam de mim ficavam felizes quando eu contava, reconhecendo um misto de alívio e coragem na minha atitude. Um primo de quem sou muito próximo chegou a dizer, com os olhos cheios de lágrimas: "Essa é uma das felicidades mais genuínas que já senti por outra pessoa."

Depois que contei para os amigos mais íntimos, achei que não precisava encontrar com cada amigo separadamente para ter esse papo. E, por isso, se até então estava pedindo que a novidade ficasse em segredo, eu os liberei do sigilo. "Agora podem fofocar." Era questão de tempo até que a informação chegasse aos grupos de WhatsApp de várias pessoas que me conheciam — uma prova de que o tema ainda não é considerado natural. A fofoca é disseminada e se torna tema central das conversas. O melhor de tudo era que, pela primeira vez, eu não me importava com o que estavam falando de mim.

Com o restante da família, pedi que os meus pais fizessem o serviço. Recebi mensagens e ligações muito emocionantes de primos e tios. Meu receio era mais em relação as minhas avós — naquele momento, o meu avô paterno já tinha falecido e meu avô materno sofria de demência senil grave. A princípio, a conversa com elas tinha sido boa, mas resolvi ligar para mostrar que eu estava feliz.

É claro que na época em que elas foram criadas a homofobia era comum e a sexualidade era pouco conversada. Eu sabia que poderia não receber a reação mais amável, mas não iria tolerar qualquer tipo de desrespeito. Não acredito que a idade possa ser usada como uma justificativa para o preconceito, sobretudo quando as pessoas mais velhas têm total acesso a informações sobre as mudanças que nossa sociedade vive.

As conversas por telefone foram boas e ficou claro que nada mudaria e que qualquer companheiro meu seria muito bem-vindo na família. Ainda assim, escutei de uma pessoa da geração delas que, "ainda que não seja o que a gente quer, se isso te faz feliz, então tudo bem". É aquela coisa, né? Em alguns momentos, podemos deixar nossa opinião guardada para nós mesmos.

O próximo passo era falar no @book.ster, uma decisão que eu tinha tomado havia um tempo, e ninguém poderia fazer com que eu mudasse de ideia. Em determinado momento, me questionei se realmente era necessário contar. Tem gente que acha que não — "não precisa falar, guarde para você" —, por se tratar de um assunto íntimo. Mas depois concluí que, considerando os privilégios que me cercam e o total apoio das pessoas com quem convivo, fazia sentido contar. Além disso, eu poderia ajudar, ainda que um pouco, a aumentar a representatividade. Cresci quase sem referência de um homem gay adulto, inserido na sociedade. Apenas estereótipos reproduzidos pelos meios de comunicação. Hoje fico satisfeito de pensar que posso servir de exemplo para um jovem que esteja passando pelo que passei.

Além disso, não podemos fechar os olhos para a realidade. Somos o país que mais mata pessoas da comunidade LGBTQIAPN+ no mundo. Torço para que um dia o fato de eu andar de mãos dadas com meu namorado seja normalizado a ponto de realmente ninguém precisar ter uma conversa séria só para contar isso para alguém. Mas enquanto parte da sociedade seguir tratando as pessoas da comunidade como inferiores, indignas de direitos, reprováveis, me sinto no dever de defender abertamente o meu direito de existir e de amar.

E se hoje vivo confortavelmente com a minha sexualidade, é porque muitos antes de mim lutaram. Colocaram as próprias vidas em risco para que mais direitos fossem conquistados. Ao escrever sobre minha vivência, de certa forma faço a minha parte para que o movimento continue avançando.

Meus pais foram contra a minha exposição nas redes sociais. Sei que essa posição era resultado do medo da visibilidade, por conta de ataques que eu poderia receber, principalmente considerando a terra sem lei que é a internet, em que o anonimato permite que preconceituosos destilem seu ódio sem grandes consequências. Mas eu não estava mais querendo a opinião de ninguém, estava apenas informando que eles veriam em breve uma fala muito verdadeira e íntima.

Depois de alguns dias, peguei o celular e, sem qualquer roteiro ou preparação, fiz um vídeo com o que estava na minha cabeça. Publiquei. Era janeiro de 2021. Recebi poucos comentários negativos, sendo que a maioria deles era bem parecida: guarde a sua intimidade para você, isso não precisa ser postado em uma rede social. Mas, ainda que o preconceito não tenha sido derramado em mensagens, ficou claro que, mesmo na minha bolha, ser gay incomodava: mais de 5 mil pessoas deixaram de me acompanhar. Não sei o que explica a decisão de parar de seguir alguém nas redes sociais simplesmente por conta da sua orientação sexual. Talvez pessoas que lidam mal com a própria sexualidade? Assim como eu tinha medo de ter comportamentos que poderiam ser considerados fora do padrão, alguns seguidores podem ter ficado com receio de seguir um gay. Quem perde são eles, já que boas dicas de leitura eu garanto.

Mas isso foi só um detalhe. Recebi, e continuo recebendo, milhares de mensagens maravilhosas de pessoas que gostavam de mim e admiravam a minha coragem. Outras me agradeceram, por estarem passando por situações semelhantes. Eram longos relatos de experiências vividas por outros jovens e adultos na luta pela autoaceitação da própria sexualidade. Mães e pais de filhos da comunidade LBGTQIAPN+, que estavam com dificuldades em aceitar as diferenças, também fizeram reflexões importantes após o vídeo. Essa reação positiva me deu vontade de ir além.

Depois de algumas semanas, decidi gravar um vídeo com meus pais, em que eles respondiam a perguntas que os seguidores haviam feito sobre ter um filho gay. Peguei eles totalmente de surpresa: "Vocês topam gravar um vídeo para o @book.ster?" Sem pensar e meio sem opção, concordaram. Fomos para a sala, peguei o tripé e, com as perguntas na mão, começamos a gravar. O vídeo acabou viralizando e recebo até hoje mensagens pela forma como eu e minha família decidimos expor o tema. Filhos que tinham dificuldades de expor a sexualidade para a família enviaram o vídeo para os pais na esperança de que o exemplo de pais acolhedores como os meus pudessem fazer com que eles mudassem seu comportamento. Nem que fosse um pouco.

Depois disso, se faltava alguém saber, esse problema foi resolvido.

Eu estava oficialmente "fora do armário".

Na verdade, não era todo mundo que eu amava que sabia. Quatro das pessoas mais importantes para mim não sabiam. Quatro minipessoas: meus sobrinhos, ainda crianças. Diferentemente dos adultos, para quem eu podia contar como e quando achasse melhor, sem me importar com a reação, no caso dos meus sobrinhos a decisão não podia ser exclusivamente minha e eu sabia que precisava conversar com as minhas irmãs antes.

Na época, o meu sobrinho mais velho tinha sete anos e o mais novo, três. As pessoas se questionavam quando eles teriam a capacidade de entender. Na minha família, ninguém tinha as respostas. Mas o que passava na minha cabeça era: se eles conheceram minha ex-namorada e sabiam que eu e ela tínhamos um relacionamento, não tinha por que fingir que um namorado era apenas um amigo. A homoafetividade não é um assunto proibido para menores. Falar sobre relacionamento não é apenas falar sobre sexo. O assunto envolve amor, família e respeito. E isso não tem idade para ensinar. Apesar de tudo, com o meu primeiro namorado acabou sendo assim. Ele era um amigo.

No início, minhas irmãs preferiram não falar a verdade para os meus sobrinhos. Eu não forcei. Minha vontade não era ter uma conversa profunda, apenas falar que o tio deles tinha um namorado, não uma namorada. Se surgissem perguntas, a gente responderia da forma mais adequada. Cheguei a procurar em livros como seria uma boa forma de trazer esse assunto e encontrei obras infantis interessantíssimas. Infelizmente, a maior parte delas havia sido publicada em inglês, no exterior, ainda sem tradução no Brasil.

Algum tempo depois, recebi a indicação de um livro que me marcou e que dei para os meus sobrinhos: *O grande e maravilhoso livro das famílias*, escrito por Mary Hoffman e Ros Asquith. Por meio de ilustrações, os autores mostram as diferentes configurações familiares. Desde famílias compostas por um pai e uma mãe a famílias com apenas um pai, com apenas uma mãe ou com duas mães e dois pais.

Crianças criadas pelos avós, por famílias com religiões e costumes diferentes dos nossos. Enfim, um livro que celebra a diversidade familiar.

Depois que terminei com meu primeiro namorado, voltei a falar com minhas irmãs sobre a minha vontade de tratar sobre o tema com naturalidade quando os meus sobrinhos estivessem por perto. Decidimos que, quando eu começasse um novo relacionamento, iríamos apresentar aquela nova pessoa que passaria a frequentar a nossa casa como meu namorado. No meio do ano de 2022, o novo namorado apareceu.

Minhas irmãs ficaram tão animadas quanto eu para compartilhar a novidade com meus sobrinhos. A ideia era que eu contasse, mas elas não conseguiram segurar a ansiedade. Combinamos um jantar para as minhas irmãs conhecerem o meu namorado, sem a participação das crianças. No entanto, quando elas chegaram no restaurante, me disseram que já tinham avisado para os filhos que iriam jantar com o Dodi e com o novo namorado dele.

Depois de ler para eles o livro que eu tinha dado, minhas irmãs aproveitaram para falar que, assim como muitas mamães namoravam os papais, homens poderiam namorar homens e mulheres poderiam namorar mulheres. Meu sobrinho mais velho perguntou para minha irmã se eu era gay, um termo que pelo visto ele conhecia. E ficou tudo bem, eles acharam normal, nem deram muita bola: uma notícia como qualquer outra. Às vezes o mundo infantil é mais simples que o adulto.

Alguns dias depois, encontrei com os pequenos no shopping, mostrei fotos do meu namorado e fiz uma chamada por vídeo para eles se conhecerem. Concluída a conversa, meu sobrinho mais velho me perguntou o que tinha acontecido com o outro tio — perguntou se ele também tinha sido meu namorado. Confirmei e expliquei que tínhamos terminado, que isso acontece no mundo dos adultos e que estava tudo bem.

Ou seja, a gente demorou tanto conjecturando como seria a reação das crianças, e no fim das contas elas não ligaram. Uma delas já tinha até entendido que aquele relacionamento anterior era mais do que amizade. Não por ter presenciado um carinho, um beijo — o que ele nunca viu —, mas por ser uma pessoa que estava sempre comigo. Se os pais e responsáveis não conversam com a criança sobre esse e tantos outros assuntos, de uma forma ou de outra elas vão se deparar com isso no mundo, uma vez que pessoas gays sempre existiram e a comunidade LGBTQIAPN+ felizmente não precisa se esconder tanto quanto no passado. Um bom sinal para as próximas gerações.

Mas ainda assim muitas pessoas usam a desculpa de proteger a criança contra influências que supostamente as levariam a ser gays como forma de mascarar o próprio preconceito. Esse argumento, no entanto, ignora uma premissa fundamental: ninguém vira gay por influência de uma pessoa, de um livro, de uma música ou de um filme. Estou aqui para provar: passei a vida inteira vendo beijo entre heterossexuais na minha casa, nas novelas, nos filmes e, bem, não preciso nem explicar que a lógica dessas pessoas é bem falha.

Assim, estamos ensinando para as crianças da família, com naturalidade, que uma família de dois pais é uma família como qualquer outra — o que importa é que as pessoas se amem, se respeitem e cuidem umas das outras. Nesse ponto, me vem à cabeça um dos livros mais lindos e sensíveis que li, *O filho de mil homens*. A obra do autor português Valter Hugo Mãe nos mostra como o conceito da família tradicional com que estamos acostumados é ultrapassado e que os vínculos afetivos podem ser construídos independentemente dos laços sanguíneos. Esse livro conta a história de uma família criada a partir de laços que fogem do convencional: um pescador solitário, Crisóstomo, conhece um garoto órfão, Camilo, e, por meio da trajetória dos dois, o autor nos apresenta diferentes personagens, cada um com os próprios conflitos. Cada um vive e sofre à sua maneira os problemas que encontram na pequena aldeia, mas que também estão presentes em todo canto: machismo, homofobia e outras formas de discriminação. No entanto, é justamente no meio dessas falhas de uma sociedade que cada um busca no outro um pedaço daquele seu vazio, daquela metade que lhe falta... E não é para isso que deveriam servir o amor e o afeto?

8
Silenciado

SE CRESCER NA DÉCADA DE 1990, em uma sociedade repleta de preconceitos e dificuldades de aceitar o diferente, causou um enorme nível de angústia, atrasando em quase trinta anos a possibilidade de eu viver por inteiro, fica até difícil de imaginar o sofrimento das gerações anteriores à minha.

Sou de uma família cujo lado materno é de origem portuguesa e o paterno, italiana. Os almoços de sábado eram religiosamente na casa dos meus avós paternos. Tios, tias, netos e amigos da família sempre estavam presentes, sempre com conversas barulhentas, boas risadas e, como toda família, um ou outro estresse. As crianças, que não ficavam na mesa com os adultos, já que a família é bem numerosa, pegavam seus pratos e se juntavam na sala de TV para assistir aos típicos programas de palco brasileiros que marcaram o período — e que acabaram envelhecendo muito mal.

Meu padrinho era uma presença frequente. Desde novo, notei que ele fugia do comum dos outros padrinhos e madrinhas da família. O meu padrinho era bem mais velho, inclusive mais que meu avô. Muito querido por todos, ele frequentava os eventos de família acompanhado por um amigo, um senhor também simpático, elegante e culto. E era sempre o mesmo amigo.

Durante a infância e a adolescência, compreendi que meu padrinho não havia se casado nem tido filhos. Foram muitos anos sem que sequer passasse pela minha cabeça que a sua relação com o amigo era mais que de amizade. Um dia, uma das minhas irmãs comentou comigo que o amigo era, na verdade, o namorado do meu padrinho. Fiquei chocado. *Como eu não tinha percebido? Por que isso é um segredo?*

Para mim, à época um pré-adolescente reprimindo a própria sexualidade, não foi apenas frustrante constatar que alguém da própria família escondesse sua orientação sexual, como também tornou ainda mais difícil a tarefa de lidar com o conflito interno. Não se falava nada sobre isso, principalmente na frente dele. Era um tabu, um tema proibido.

Alguns anos depois, estávamos voltando de um feriado prolongado na praia, quando meu pai recebeu um telefonema. Deitado no banco de trás, naquele estado meio dormindo, meio acordado, consegui compreender que a pessoa do outro lado da linha estava avisando que o companheiro do meu padrinho havia falecido. Quer dizer, o amigo. Despertei. Não conseguia parar de pensar: *Meu padrinho agora está sozinho*. Era um momento de grande dor, mas a família tratava como se fosse a morte de um amigo: não havia liberdade para conversar com ele sobre a dimensão daquela perda. Ainda que fosse mais velho, sinto que meu padrinho também não se permitiu viver o luto, pelo menos não na frente das pessoas. Depois de tantos anos negando em parte quem realmente somos, acabamos bloqueando nossos sentimentos. As pessoas próximas ao meu padrinho poderiam ter se aproximado, acolhido a diferença e aberto o caminho para a possibilidade de lidar de maneira transparente na família com a sexualidade de todos. Isso não aconteceu, ninguém deu o passo necessário para quebrar aquele tabu. O silêncio continuou — como se não falar fizesse o assunto não existir. Mas não é assim que funciona. E nesse caso, o maior prejudicado é o silenciado.

Muitos anos depois, a solidão do homossexual mais velho apareceu para mim na literatura, com a sensível obra do cearense Stênio Gardel. Em *A palavra que resta*, Raimundo passa os dias navegando pelas memórias de um amor que lhe foi negado pela família, que não admitia uma relação entre os dois. Aos 71 anos, o único resquício do amor que sentiu pelo homem é uma carta de despedida, nunca aberta. Analfabeto, Raimundo carrega a carta como uma esperança do que ainda poderá ser. "É tarde demais para aceitar sua orientação sexual e poder ser inteiro pelo tempo que há pela frente?" Mas o protagonista vive pela saudade do que não aconteceu, pelo que poderia ter sido.

Meu padrinho, diferentemente do personagem Raimundo, se permitiu estar acompanhado pelo amor não aceito, ainda que isso exigisse tornar a realidade "aceitável" aos olhos da família. Essa era a situação de alguém nascido no começo do século XX. Minha experiência, ainda que rodeada de muitos preconceitos, foi diferente. Por ter crescido nesse ambiente que negou a realidade de uma pessoa tão querida, eu estava certo de que não aceitaria que fizessem o mesmo comigo. Quando consegui vencer a barreira da autoaceitação, decidi não permitir que a minha orientação sexual fosse um tabu para minha família ou para as pessoas do meu convívio, sem exceções.

Ainda hoje há amigos meus que preferem não contar para pessoas mais velhas da família, como avôs e avós, pela diferença das gerações. Embora eu entenda e respeite essa decisão, eu não queria esconder de ninguém. Caso alguma pessoa idosa não fosse capaz de entender, eu iria tentar conversar e explicar que não havia nada de errado comigo. Se mesmo assim a pessoa não aceitasse, não haveria mais nada a ser feito. Eu não deixaria mais de ser quem sou só para agradar. E, além das minhas avós, eu precisava conversar com o meu padrinho.

Eu tinha dúvidas de como fazer a abordagem, então meu pai me deu uma ideia. Quando meu pai conheceu o companheiro do meu padrinho, com cerca de oito anos, como eu, ele também achava que era um amigo. Ele só soube que os dois formavam um casal com dezessete ou dezoito anos, mas o assunto nunca tinha sido abordado. Ninguém da minha família, incluindo primos, tios, avós, havia conversado com ele sobre isso. Alguns meses depois de eu ter conversado com meu pai sobre a minha sexualidade, ele chamou meu padrinho para almoçar. Apesar dos mais de noventa anos, meu padrinho tem uma condição física invejável. Sempre alegre, ele chegou de bermuda, mochila e pediu uma caipirinha. Durante o almoço, o meu pai contou sobre a minha "novidade". Ele virou-se para o meu pai e disse: "Que maravilha, que maravilha!" Ele se mostrou muito feliz, mas o assunto se encerrou ali.

Alguns dias depois, meu padrinho me mandou uma mensagem, dizendo que tinha assistido na internet à minha apresentação do TEDx São Paulo, realizada no final de 2022, com o tema "A literatura mudou a minha vida". Na minha fala, de pouco mais de treze minutos, conto como os livros foram essenciais no processo de aceitação da minha sexualidade. A mensagem dele, que reproduzo a seguir, fez meus olhos se encherem de água.

> *Oi, Pedro. Acabei de ver, pela segunda vez, seu coração falando comigo. Fico emocionado por ouvir o que venho pensando e nunca verbalizando nos meus quase 94 anos de vida. Sinto uma forte emoção e um grande afeto por você. Sua presença me faz bem e meu coração bate mais forte. Quero lhe ver! Aguardo, quando puder. Nosso almoço será quando você estiver disponível.*

Na mesma hora, respondi. Queria contar para ele mais sobre a minha vida e escutar sua história com mais detalhes. Marcamos um almoço na casa dele e fui logo recebido com um abraço apertado. Cheio de vida, o apartamento dele é uma delícia, com um lindo piano preto na sala. Apesar de não tocar há muitos anos, a paixão pela música clássica nunca esvaneceu. Enquanto nos atualizávamos sobre nossas vidas, eu decidi trazer logo o assunto, para ouvir o que ele tinha a dizer. "Tio, você soube que estou namorando?" Ele abriu um sorriso e eu tive a confirmação de que estávamos livres para conversar sobre o que nos faz diferentes em uma sociedade que elege padrões. Eu queria saber como tinha sido para ele o processo de autoaceitação, tendo crescido em uma época tão repressora. Ele já começou me contando que precisou viver para os outros como se essa parte da sua vida não existisse.

Nessa conversa, e nas demais que teríamos, o que mais me chamou a atenção foi a dificuldade dele de se entender gay na sua juventude. Naquela época, um adolescente que percebia a dificuldade em se relacionar com mulheres ou de se encaixar em um padrão não encontrava informações com facilidade. Não existia televisão, muito menos internet. A psicoterapia e a análise davam seus primeiros passos. Ou seja, era um sentimento estranho e solitário.

Foi apenas depois de adulto que meu padrinho encontrou o primeiro homem de sua vida, que se tornaria seu companheiro. Era um encontro entre amigos, todos supostamente héteros, claro. A identificação foi pela troca de olhares. De início, era algo discreto, sem que nenhum dos dois soubesse até onde poderia ir. Novos encontros aconteceram e só depois de alguns meses a intenção daqueles olhares se confirmou. Apesar de tantos anos de convívio, nunca dividiram um lar nem puderam demonstrar que aquele relacionamento comportava a ideia de uma nova família.

Ele tem dificuldades de usar o termo gay até hoje. Meu padrinho não fez amigos da comunidade LGBTQIAPN+ nem frequentou um ambiente que o acolhesse. Por todos esses anos, ele viveu como se essa parte da sua identidade não existisse. Naquela época, era necessário escolher entre o conhecido e o desconhecido: a segurança da família, do lar, amigos, ou abrir mão de tudo para tentar ser honesto consigo mesmo. Ou seja, apesar de ter vivido com outro homem por tantos anos, a vivência gay ou temas relativos à sexualidade não eram nem mesmo discutidos entre os dois.

Em nossa primeira conversa, ele perguntou bastante sobre meu namorado, então decidimos marcar um almoço nós três. Era visível no rosto dele a felicidade por eu estar com meu namorado ali, abertamente. Eu estava vivendo o que ele não pôde a vida toda.

"Eu nem sequer havia pensado, e muito menos conversado, sobre muito do que falamos aqui hoje. Está sendo uma terapia para mim!" Quando me assumi gay nas redes sociais, pensei logo que eu poderia contribuir no processo de aceitação de jovens, ao ocupar um espaço de representatividade da comunidade LGBTQIAPN+. O que eu não podia imaginar era que um dia estaria abrindo essa possibilidade para alguém mais velho, alguém que admiro muito. Tudo isso fortaleceu os nossos laços e me deixou ainda mais seguro da decisão que tomei de compartilhar essa parte da minha identidade, que para muitos é considerada tão íntima.

Contudo, cabe uma ressalva. Ajudar alguém a se aceitar é um gesto que deve ser feito com muito cuidado. Recebo muitas mensagens de pais, irmãos ou amigos de pessoas que provavelmente são gays, lésbicas ou bissexuais. Sem saber como ajudar o parente ou o amigo que está sofrendo sozinho, eles me perguntam o que fazer nesses casos: conversar com a pessoa, mostrar que está tudo bem, ou aguardar o tempo certo? Costumo responder: "Não tente tirar ninguém do armário." Na intenção de ajudar, você pode acabar aumentando a dificuldade que a pessoa enfrenta. Aconteceu comigo algumas vezes: amigos perguntavam se eu era gay, jurando que deveria me sentir à vontade para dizer a verdade, e mesmo assim eu negava, porque ainda não tinha conseguido admitir nem para mim mesmo.

Ou seja, se a pessoa não tiver se aceitado, dificilmente vai conseguir se abrir. Pelo contrário, pode se fechar mais. O importante é mostrar para esse familiar ou amigo que você está ali para o que ele precisar. A pessoa precisa se sentir segura para, quando estiver pronta, compartilhar com você.

Ao fim do primeiro desses encontros com meu padrinho, enviei no grupo da família uma foto nossa. Minha avó logo respondeu: "Pedro, se você não tivesse feito mais nada na vida, só esse gesto já justificaria a sua existência."

Eu tive a conversa que ela, ou qualquer outra pessoa da família, nunca pôde ter com o meu padrinho. Eu e ele éramos dois silenciados a menos.

9
A leitura é um hábito diário

EM 2019, dois anos depois de criar o @book.ster, apresentei meu primeiro TEDx, "Como tornar a leitura um hábito diário". No vídeo, dou dicas para que as pessoas consigam incluir o livro na sua rotina. Competir com as redes sociais, as séries de televisão e o cansaço de uma vida intensa é desafiador, mas há dicas fáceis de serem aplicadas e que podem ajudar quem quer ler mais.

A primeira delas é, para mim, o maior segredo: a constância. Quem quiser deixar de ser um leitor esporádico e desejar incluir essa atividade no dia a dia precisa ter em mente que a leitura é um hábito diário. No começo, a ideia de ler todos os dias pode assustar; muitos argumentarão que falta tempo. Mas insisto: não precisa ler muito todos os dias, o importante é tentar ler todos os dias, nem que sejam algumas páginas.

A cada início de ano, é comum as pessoas criarem metas bem arrojadas de leitura, na tentativa de passar a ler com frequência. Uma hora por dia, um livro inteiro por semana. As chances de sucesso, no entanto, são baixas. Nas primeiras semanas, as metas até podem ser batidas; o leitor está entusiasmado. A rotina, contudo, acaba dificultando uma dedicação tão grande aos livros. Alguns dias sem ler, e depois a pessoa não lembra direito nem onde parou, o ritmo da leitura se perde e, quando menos se esperar, o livro acabará abandonado na estante.

Eu não tenho meta diária de número de páginas ou de tempo. Há dias em que leio cinco páginas. Em outros, quando tenho mais tempo e estou menos cansado, posso passar uma hora lendo antes de dormir. Por isso, não estabeleça metas altas; pense apenas na constância. No início, um esforço maior pode ser necessário, já que é a construção de um hábito que não faz parte da rotina. Mas insista. Por um mês, leia todos os dias. Ao menos cinco, dez minutos. Em pouco tempo, é impossível imaginar como é ficar sem ler um pouquinho por dia.

Há quem defenda que a leitura não é hábito, mas paixão. Ariano Suassuna, um gigante da literatura nacional, é um deles. Em entrevista de 2007, o escritor disse: "Eu não tenho o hábito da leitura. Eu tenho a paixão da leitura. O livro sempre foi para mim uma fonte de encantamento. Eu leio com prazer, leio com alegria." Apesar de insistir na ideia do hábito, entendo o que Suassuna quis dizer: para ele, leitura não é obrigação. Mas quando falo de hábito, não quero passar uma ideia negativa, de fazer algo sem gostar, apenas para cumprir uma tarefa. Hábitos podem ser atividades prazerosas também e, sobretudo, contribuem para se criar a paixão pelos livros. Assim como Suassuna, eu também tenho a paixão pela leitura, mas, para quem ainda não foi picado pelo mosquito dos livros, transformar a atividade em um hábito diário pode ser um grande atrativo para esse pequeno inseto.

Por compartilhar nas redes sociais minha rotina como advogado e influenciador digital, costumo receber muitas variações dessa mesma mensagem: "Você passa o dia todo no trabalho lendo. Como chega em casa e ainda quer ler mais?" No trabalho, leio textos técnicos, processos judiciais e documentos profissionais. Em casa, amo ler literatura, ficção. São leituras completamente distintas, que em comum só têm o ato de ler. Há uma divisão bem definida: entretenimento e trabalho. Ou seja, quando chego em casa, fico com vontade de pegar um livro de dormir, porque estou lendo um texto que me entretém, que eu escolhi apenas pelo interesse em entrar naquela história, sem qualquer objetivo adicional. É o prazer da leitura.

Por isso, outra dica importantíssima para quem quer ler mais é escolher livros que despertem a vontade de ler. Pense da mesma forma que você pensaria na hora de escolher um filme ou uma série para maratonar. Não escolha um livro só porque todo mundo está lendo ou porque alguém falou "como ainda não leu esse livro? É um clássico!". Vá atrás de histórias que te empolguem, não importa se ela envolve dragões, bruxos, corações partidos ou cenas de crime. O que importa é o seu interesse, e não a opinião dos outros sobre o que você está lendo.

No começo, também vale optar por livros mais curtos e, se possível, menos densos. Terminar um livro dá uma sensação boa de que o ritmo da leitura está fluindo. Começar com *Crime e castigo*, de Dostoiévski, ou *Cem anos de solidão*, de Gabriel García Márquez, clássicos consagrados e que muitos querem ter na lista de lidos, pode acabar desanimando, seja pela densidade da narrativa, seja pelo número de páginas. Deixe essas obras incríveis para quando a leitura já estiver mais consolidada na sua rotina.

Sugiro que você leia no momento do dia que mais te agrada, seja de manhã, depois do almoço ou antes de dormir. Tem gente que gosta de aproveitar o tempo livre no transporte público para ler, por exemplo. Eu gosto de ler antes de dormir, mas para muitos esse momento não funciona, já que o sono toma conta em alguns segundos. O importante, enfim, é enxergar na sua rotina o melhor momento, de acordo com seu estilo de vida. Além disso, se possível, crie um ambiente gostoso para esse seu momento: há quem goste de colocar uma música ao fundo, quem prefira cômodos silenciosos, ler confortavelmente num pufe...

Também não encane com as regras dos outros. Não tenha vergonha de admitir que não gostou ou que abandonou um livro considerado clássico ou que está fazendo muito sucesso. Pode quebrar a lombada, escrever nas margens, colocar post-its, fazer orelha para marcar a página. Pode pular o prefácio — embora eu não recomende! —, espiar o final do livro... Ou seja, quando o assunto é melhorar a experiência da leitura, vale tudo.

Por fim, peço que você fale sobre livros. Nunca tenha medo de falar sobre literatura. Esse assunto não é exclusivo dos grupos que se entendem como intelectuais. Toda experiência com um livro é única, e não há interpretação certa ou errada quando se trata de arte. Depois de centenas de resenhas publicadas, posso confirmar que não há livro unânime. Por isso, seja um incentivador da leitura para as pessoas a sua volta. A leitura não precisa ser uma atividade solitária.

Inclusive, qual foi a última vez que você pediu uma indicação de leitura ou sugeriu um livro? Experimente perguntar, falar sobre algo que leu recentemente ou postar a foto do livro que está lendo. Você vai ter mais reações do que imagina. Quem tem o privilégio de ser um leitor numa sociedade que lê tão pouco tem o dever de incentivar familiares, amigos e conhecidos a ler mais.

Acredito, acima de tudo, que os livros são ferramentas para compreendermos as diferenças. Ao escolher leituras com maior diversidade, seja em relação a quem escreve a obra ou aos temas nela tratados, nos permitimos enfrentar nossos preconceitos e desconstruir os estereótipos que embasam a nossa opinião sobre outros povos e culturas.

Curiosamente, logo que o vídeo da apresentação do meu TEDx foi ao ar, uma pessoa me mandou uma mensagem dizendo basicamente que não via relevância em escolhermos livros com diversidade, porque o mais importante era optar por uma leitura cuja sinopse lhe interessava. A pessoa ainda dizia que já havia lido centenas de livros e que não tinha dúvidas de que era uma excelente leitora e tinha propriedade para pensar dessa forma.

Aquela mensagem me fez pensar sobre o que faz de alguém um bom leitor. Seria alguém capaz de ler muitos livros, os mais densos, cuja estante está recheada de obras literárias? Aos poucos compreendi que para mim um bom leitor não é apenas aquele que lê muito; ele precisa ser apaixonado pelos livros, entender a relevância de seu papel em uma sociedade que ainda lê tão pouco e cuja diversidade nos lançamentos é insuficiente.

O papel de um bom leitor começa antes mesmo da leitura da primeira página, quando ele escolhe o livro, e deve ir além do final da história, quando ele continua indicando leituras e incentivando novos leitores. Um bom leitor precisa compreender que somos engrenagens que movimentam o mercado editorial.

Ao fazer o exercício de tirar os livros de autores homens da minha estante, não só percebi que lia poucas autoras mulheres, por conta de uma falta de atenção no momento da escolha dos livros, mas também entendi que histórias e autores diversos nos ensinam muito. Parece meio clichê dizer que ler histórias com realidades e vivências diferentes das nossas pode ser uma ferramenta eficaz de empatia, mas é inegável que ter contato com o que nos é desconhecido nos ajuda a compreender e respeitar o diferente. Sozinha, a literatura não tem o poder de nos colocar no lugar do outro, já que é impossível viver dores e felicidades que não são nossas. O que ela permite é nos aproximar, eliminar barreiras impostas pela desigualdade social, orientação sexual, gênero, raça, distâncias geográficas ou temporais.

Como nos ensina Harper Lee em *O sol é para todos,* "você só consegue entender uma pessoa de verdade quando vê as coisas do ponto de vista dela".

Procurei, ao longo destas páginas, apresentar diversos títulos que me marcaram por suas mensagens, pelo que a leitura deles significou em cada momento da minha vida. Eles, porém, são uma pequena parcela dos muitos que me impactaram e me ensinaram sobre os outros e sobre mim mesmo. Ciente da impossibilidade de colocar todas as leituras com as quais tanto aprendi, termino agradecendo a autoras e autores por todos os livros que, embora não mencionados, me deixaram fortes marcas.

Obrigado, Abdellah Taïa • Abraham Verghese • Afonso Cruz • Albert Camus • Alexandre Dumas • Alexandre Vidal Porto • Alice Oseman • Alice Walker • Aline Bei • Ana Claudia Quintana Arantes • Ana Maria Gonçalves • Ana Martins Marques • Ana Michelle Soares • Andréa del Fuego• Andréa Pachá • Annie Ernaux • Antonio Prata • Archibald Joseph Cronin • Ariano Suassuna • Buchi Emecheta • Camila Sosa Villada • Carla Madeira • Carolina Maria de Jesus• Chimamanda Ngozi Adichie • Clarice Lispector • Conceição Evaristo • Cormac McCarthy • Dan Brown • Domenico Starnone • E. M. Forster• Édouard Louis • Elena Ferrante • Eliana Alves Cruz • Émile Zola • Erico Veríssimo • Fiódor Dostoiévski • Franz Kafka • Gabriel García Márquez • George Orwell • Giovana Madalosso • Graciliano Ramos • Harper Lee • Haruki Murakami • Hermann Hesse • Ian McEwan • Isabel Allende • Itamar Vieira Junior • Ivan Turguêniev •

J. D. Salinger • J. K. Rowling • J. M. Coetzee • James Baldwin • Jarid Arraes • Jeferson Tenório • Joan Didion • João Anzanello Carrascoza • Johann Wolfgang von Goethe • Jorge Amado • José Falero • José Luís Peixoto • José Roberto de Castro Neves• José Saramago • Julia Rocha • Ken Follett • Lemony Snicket • Liev Tolstói • Lori Gottlieb • Lygia Fagundes Telles • Machado de Assis • Marçal Aquino • Margaret Atwood • Maria Valéria Rezende • Mariana Salomão Carrara • Marjane Satrapi • Mary Hoffman • Maryse Condé • Mia Couto • Michel Laub • Miguel Sousa Tavares • Mikhail Bulgákov • Milan Kundera • Moacyr Scliar • Muriel Barbery • Natalia Timerman • Noah Gordon • Ocean Vuong • Octavia Butler • Paulina Chiziane • Pedro Juan Gutiérrez • Philip Roth • Romain Gary • Ros Asquith• Scholastique Mukasonga • Socorro Acioli • Stênio Gardel • Sylvia Plath • Teresa Cárdenas • Thrity Umrigar • Toni Morrison • Valter Hugo Mãe • Virginia Woolf • Yukio Mishima...

 E sigo me preenchendo a cada dia com a certeza das leituras que ainda virão.

Agradecimentos

PARA UM APAIXONADO por livros, a ideia de escrever uma obra era quase impensável. Como superar a insegurança de escrever diante da grandeza de tantos textos lidos? Por isso, agradeço a quem esteve ao meu lado nesse processo, mostrando a beleza de cada um ter a sua voz e os perigos da comparação.

Agradeço a quem esteve de perto no meu dia a dia e aguentou quando tive que me ausentar para me dedicar à escrita do livro. Meus pais, minhas irmãs e meu namorado. Por fim, agradeço aos amigos que leram textos iniciais e que compartilharam pertinentes e afetuosas sugestões, em especial Teresa Lotufo.

Agradeço ao Bruno Porto, meu agente e experiente editor, que me acompanhou e me encorajou desde as primeiras ideias. Jorge Oakim, por ter acreditado e incentivado a ideia de compartilhar minhas memórias com os livros. Rebeca Bolite, Heduardo Carvalho, Elisa Rosa, Lucas Telles e Rosana Caiado, pela qualidade no trabalho de edição e por me ajudarem com minhas inseguranças.

Créditos das citações

Página 19: *A metamorfose*, de Franz Kafka, editora Antofágica, tradução de Petê Rissatti

Página 21: *As intermitências da morte*, de José Saramago, editora Companhia das Letras

Página 22: *Mrs. Dalloway*, de Virginia Woolf, editora Penguin - Companhia, tradução de Claudio Alves Marcondes

Página 22: *O estrangeiro*, de Albert Camus, editora Record, tradução de Valerie Rumjanek

Página 22: *Anna Kariênina*, de Liev Tolstói, editora Companhia das Letras, tradução de Rubens Figueiredo

Página 43: *Capitães da Areia*, de Jorge Amado, editora Companhia da Letras

Página 58: *Vidas Secas*, de Graciliano Ramos, editora Record

Página 82: *Morreste-me*, de José Luís Peixoto, editora Dublinense

Página 103: *Jesus Cristo Bebia Cerveja*, de Afonso Cruz, editora Alfaguara

Página 108: *A Hora da Estrela*, de Clarice Lispector, editora Rocco

Página 171: *A palavra que resta*, de Stênio Gardel, editora Companhia das Letras

Página 183: *O sol é para todos*, de Harper Lee, editora José Olympio, tradução de Beatriz Horta

- intrinseca.com.br
- @intrinseca
- editoraintrinseca
- @intrinseca
- @editoraintrinseca
- editoraintrinseca

1ª edição	AGOSTO DE 2023
reimpressão	SETEMBRO DE 2023
impressão	GEOGRÁFICA
papel de miolo	PÓLEN NATURAL 80G/M²
papel de capa	CARTÃO SUPREMO ALTA ALVURA 250G/M²
tipografia	ALDA OT